中国传统记忆丛书　图说老节俗

中国传统记忆丛书

图说老节俗

矫友田 著

济南出版社

图书在版编目（CIP）数据

图说老节俗／矫友田著. —济南：济南出版社，

2016.6（2023.5重印）

　　（中国传统记忆丛书）

　　ISBN 978-7-5488-2205-9

　　Ⅰ.①图…　Ⅱ.①矫…　Ⅲ.①散文集—中国—当代

Ⅳ.① I 267

中国版本图书馆CIP数据核字(2016)第151619号

出 版 人　崔　　刚

丛书策划　张元立

责任编辑　胡瑞成

装帧设计　侯文英

出版发行　济南出版社

地　　址　济南市二环南路1号（250002）

发行热线　0531-86116641　86922073

编辑热线　0531－86131721　86131722

网　　址　www.jnpub.com

经　　销　新华书店

印　　刷　肥城新华印刷有限公司

版　　次　2016年7月第1版

印　　次　2023年5月第4次印刷

规　　格　150毫米×230毫米　16开

印　　张　15.75

字　　数　219千

印　　数　15501-21500

定　　价　48.00

（济南版图书，如有印装错误，请与出版社联系调换。联系电话：0531-86131736）

写在前面

转瞬之间，《中国传统记忆丛书》第一批书目推出已经一年有余。这套经过我们悉心筹划的丛书自推出以来，不仅赢得了读者的喜爱，也获得了社会的认可：国家新闻出版广电总局和全国老龄委把它作为"向全国老年人推荐优秀出版物"，教育部把它列入"全国中小学图书馆（室）推荐书目"。在欣慰之余，我们也坚定了在"中国传统记忆"这个主题上继续走下去的信心与勇气。

传统文化，是一个永恒而博大的主题。它需要我们细心地去探究，在点点滴滴间还原历史的足音。

我们应该知道，传统文化是一个民族宝贵的财富之一。一个民族，之所以能够屹立在世界文明之林，与它独特而充满魅力的传统文化有着密不可分的关系。

在五千多年的文明历史进程中，我们的祖先创造了辉煌灿烂、丰富多彩的传统文化。那些优秀的传统文化，是中华民族的历史见证和发展脚步的印痕。时至今日，它们仍在默默地滋养着中华民族的灵魂。

然而，在这个日益喧哗和浮躁的红尘中，我们却不经意地逐渐远离了那些优秀的传统文化。甚至有很多人因为误解，将传统文化归入守旧、迷信、贫穷之列。"去传统化"观念的泛滥，使得传统文化的传承，陷入一个尴尬的窘境。有些传统文化已经支离破碎，有些还在苟延残喘。这样说，绝非危言耸听，而是一种真实的写照。

譬如，以传统节俗来说，有许多能够起到密切宗族亲情，弘扬民族气节与情感的节俗，在繁华的城市里早已消失殆尽。即使在广

大农村地区，随着城镇化建设的发展，一些有着丰富内涵的节俗，也已经变得形同虚设。这样的结果，最终只能导致年轻一代人对传统文化的无知，以及在民族认同感上的失落。

一个人丢失了记忆，就会失去自我；一个民族丢失了传统，就会失去世界。

传统文化中所蕴含的民族精神和诸多道德理念，无论何时都具有强大的生命力。正是因为有了传统文化的熏陶，中华文化才源远流长，才养育了一代又一代的民族精英。

因此，传统文化里所保留下来的精华，是一个民族永远不该忘记的记忆。留住那些传统记忆，不仅仅留住了一方心灵的栖息地，更重要的是留住了一条绣满中华基因密码的"金丝带"。在它的上面，凝结着中华民族勤劳勇敢、自强不息、前赴后继的可贵的民族精神和民族大义。

正是基于这种使命，我们自感责任重大，也有必要通过不懈的努力，将"中国传统记忆"这个主题不断深化下去。我们在创作与出版第一批图书的经验和基础上，广泛汲取读者的合理建议，在文字与图片的质量上进一步悉心打磨，倾心推出"中国传统记忆"第二批——《图说老节俗》《图说老行当》《图说老婚俗》《图说老游戏》。

我们真诚地希望这套系列丛书，能够进一步激发起读者对传统文化的兴趣，帮助每一位读者重温那些淳朴而又美好的记忆，使其从那些与历史、民俗相关的记述中，体味到中华民族传统文化的本源。

留住传统文化的根脉，我们的灵魂将不再孤独，我们的生命也会逐渐吐露出浓郁的芳香……

矫友田

2016年6月

目　录

第一章：普天同庆，欢度春节

◎春节的起源

春节，是中国民间的一个最隆重、最热闹的传统节日。

它宛如一条漫长而永不休止的河流，承载着无数的喜悦与深情，在岁月的深处激荡起一簇簇闪光的浪花。它坚实的脉搏，跳跃在中华大地的每一个角落里，涌动着浓浓的期盼与祝福……

春节，指农历除夕和正月初一。但我国传统意义上的春节，往往是从腊月初八的腊祭，或腊月二十三（二十四）的祭灶开始算起，一直到过完正月十五元宵节才算结束。其中，以除夕和正月初一为高潮。

春节作为中华民族的第一大节，具体起源于何时呢？

据考证，它是起源于上古的"腊祭"，至今已有4000多年的发展历史。早在尧舜时期，我国社会上就出现了"腊祭"的活动。所谓"腊祭"，就是在年终腊月祭祀百神，感谢神灵的庇佑，使人们获得丰收。

这种祭祀仪式是非常庄重的，人们要准备最好的祭品来祭祀百神。于是，人们就要去打猎，用鲜美的野味来作为祭品。在古代"猎"字是跟"腊"字同义的。由此可见，"腊祭"也就是打猎祭祀之意。

尽管春节有着数千年悠久的历史，但"春节"这个名字却融合了现代的元素。"春节"一词，最早见于《后汉书》："冬无宿雪，春节未雨，百僚燋心。"但这里的"春节"指的是整个春季，跟我们今天所说的春节并不是一个意思。

多福多寿，欢乐春节

南宋著名诗人文天祥在《文山集·二十四日》一诗中写道："春节前三日，江南正小年。"根据考证，诗中所说的"春节"，应是"立春"，而不是正月初一。

既然以前还没有"春节"这种称谓，那么古人是如何称呼这个节日的呢？

原来，在夏代的时候，人们称为"岁"；商代的时候叫做"祀"；春秋战国时名"上日""元日"；到了两汉时期，称为"三朝""岁旦""正旦"；而从唐代至明代时，则称为"元旦""元""岁日""新正""新元"等。

大约到了清代的时候，才有一些地方将农历新年称为"春节"。但是，在清代影响最大的还是"元旦"这个名字，"春节"这个称谓在当时还没有成气候。"春节"的普遍使用，是在1912年辛亥革命以后。

祈福得福,是中国新年习俗中的一个永恒不变的话题

1912年1月1日,孙中山通电全国,宣告"中华民国改用阳历,以黄帝纪元四千六百零九年即辛亥十一月十三日,为中华民国元年元旦"。于是,农历元旦也就改为"春节"。虽然民国期间禁止农历节令的娱乐活动,但由于民国时局四分五裂,人们还是习惯于过传统的"元旦"——"春节"。

1949年中华人民共和国成立,在12月23日通过的《全国年节及纪念日放假办法》中,规定了"新年"(公历元旦)、"春节"(农历元旦)、劳动节、国庆节等为法定节日。

从此,"春节"这个称谓才替代了"元旦",并沿用至今。而"元旦"这个称谓,则成了公历新年的节日名。

过春节,在我国民间通常被称为"过年"或"过大年"。现代,"过年"这一称谓,甚至比"过春节"还要更加普遍。

那么"过年"又是由何而来的呢?

这就要从"年"这个名词说起。在历史上,"年"这个称谓比"春节"要久远多了。据说它在周代的时候就已经出现了。

年,最初的含义源于农业生产。古时,人们把谷子的生长周期称为"年",《说文解字·禾部》里说:"年,谷熟也。"《谷梁传》里也写道:"五谷皆熟为有年。"

"有年",是指收成好;"大有年",是指大丰收。时至今日,我们还经常用到"丰年""荒年""年成"等这样的词语。

年,是时间的概念,也是计算时间的单位之一。年由月组成,

日晷,是古人利用太阳投影测计时刻的一种计时仪器

月由日组成。人类在漫长的愚昧时期过着"山中无历日，寒尽不知年"的生活。后来，随着社会的发展和生活的需要，才逐渐从实践中总结出了关于测定时间的知识。

年，是四季的通称。但我们所说的"过年"，则专指一年的开头——岁首，也就是平常所谓的"正月"。我国民间有这样一句俚语："正月里来是新年。"

那么，为什么把一月称为"正月"呢？据古代史料记载，我国古代每改换一次朝代，天子为了表示"受命于天"的庄重独尊，就要"改正朔，易服色"。不仅把月份的次序改一次，连衣服的颜色都要改变。

这些王朝把月份的次序改正后，改正的第一个月，就叫"正月"。也就是说，他做了皇帝，居了正位，一年十二个月的次序，也得跟着他正过来。夏朝历法规定的正月，和我们现在的正月是一样的。商朝却把现在的十二月作为正月。周朝又改十一月为正月。古书上所说的"三正"，就是"夏正""商正"和"周正"。

到了秦朝和汉朝初期，又把十月作为正月，也就是把冬季的来临作为一年的开始。到了公元前104年，即汉武帝太初元年，汉武帝刘彻感觉历纪太乱，便根据史学家司马迁的建议，颁布新法，恢复了夏历的排序法，规定以农历正月为一岁之首，以正月初一日为一年的第一天，就是"元旦"。此后，我国一直沿用夏历纪年，直到清朝末期。

这就是过春节又被称为"过年"的缘由。然而，勤劳智慧的中国劳动人民，总是喜欢借助于一些口头相传的民间故事，赋予世间万物一个神奇而生动的由来。因此，在我国民间，关于"过年"这一说法的来历，流传着一个有趣的故事：

中国传统记忆丛书

年兽的形象是抽象的，这是青州农民画家笔下的年兽形象

相传，在很久以前，世上有一种名叫"年"的怪兽，头生触角，异常凶残。它一出现，见人吃人，见畜伤畜，人们的生命受到严重的威胁。

天帝为了惩罚"年"，把它锁进深山里，只许它一年出山一次。日子一天天过去，"年"一直没有露头。到了第十二个月刚过完，"年"又窜出来了，很多人和牲畜又遭到了伤害。

于是，到了年终腊月，人们就储粮备菜。每到十二月三十晚上，就关门闭户，磨刀提棒，彻夜不眠，准备与"年"做生死搏斗。

时间长了，人们在跟"年"的斗争中，掌握了"年"的许多弱点，比如害怕红颜色、怕响声、怕火光等。有一年，大伙儿都在门口贴上红纸，不断敲锣打鼓、放鞭炮，晚上屋子里彻夜点灯。当"年"下山觅食时，蓦然发现山下家家户户灯火通明，到处都是敲锣打鼓声和震天动地的鞭炮声，"年"吓得慌忙逃入深山里去了。天亮之后，每一家都平安无恙。于是，人们高兴地互相祝贺道喜，欢庆胜利。

发财还家,年年大有

从此以后，"年"再没有出现。据说，它已经饿死在深山老林里了。人们为了纪念这次胜利，以后每年到这一天，家家户户都要在门上贴上红对联，点燃蜡烛，燃放鞭炮，夜里还要通宵守夜，第二天一大早便相互祝贺道喜。这些举措相沿成俗，流传至今。

◎ 置办年货过大年

春节，是一个全家团聚、辞旧迎新的隆重节日。为了使来年有一个好的兆头，人们会不遗余力地置办年货，迎接新年。旧时，因为交通运输不便，加之没有冷库、冰箱等储藏设备，家家户户在节前半个多月便开始准备年货。

置办年货是一件十分烦琐的事情。人们根据各自的经济条件，将所需的年货在心里一一罗列清楚，然后合理安排置办年货的时间。一直等到除夕这天，年货置办才告一段落。

相较于其他节日，年节的时间长了许多。它总是要经历一个由序曲到高潮，再到谢幕的过程。在我国，无论城镇还是乡村，每当迈进腊月门，年味就开始变得浓了起来。

自古至今，春联都是年市上一道最艳丽的风景

在我国民间，至今仍流传着这样一句俚语："过了腊八，年烘烘。"这也就是说，过完腊八节之后，人们已经开始奏响了过年的序曲。

一进腊月门，各闹市皆拥挤不堪，人们都开始忙着置办年货。但各种货品的价格都涨了不少，商人趁机做一笔好生意，故有"腊月水贵三分"之俗语。

旧时，年货的主要来源是集市。赶集，就是大家约定俗成地在固定时间、固定场所进行的贸易活动的俗称。在我国民间，一般是五天一个集。赶集，原本就是一个乡间习俗。因为离过年越来越近，故而又被称为"赶年集"。

在昔日的年市上，还有不少售卖窗花的小贩

一大早儿，从各村庄通往集市的路上，挑挑的，担担的，推车的，背筐的，挎篮子的……人流不断，车流不息，四面八方的赶集者朝着集市的方向汇聚过来。离着集市还有二三里地远，就能听到集市上传来的喧闹声。

卖年糕的、卖香烛的、卖烟花鞭炮的、卖对联的、卖年画的、卖干果的、卖碗筷的、卖席子的、卖肉的……到处都是人，真可谓摩肩接踵，水泄不通。最拥挤的地方，甚至不用自己迈步，双脚不知道什么时候就离开了地面，人就悬在空中被拥挤的人群推着向前走。一年到头，也只有腊月的年集才会这样拥挤。

赶年集，首先要置办过小年的物品，什么灶王爷像啊、灶糖啊、香和烧纸啥的，大都是小年祭灶时用的。准备过大年的年货，包括鸡鸭鱼肉、茶酒油酱、糖饵果品、南北炒货啥的，都要采买充足，还要准备一些正月里走亲访友时馈送的礼品。

过年了，人人都要换新衣裳，新帽、新鞋、新袜子，为了过年穿戴得漂亮一些。于是，妇女们忙着选购布料，准备为一家老小缝制一套崭新的衣裳。男人们则忙着在杂货市上挑选筷子、笤帚、面板、擀面杖、炕席等，或到瓷器市上购买茶壶茶碗、酒杯汤勺、碟子香炉啥的。

过年时，家家户户都要置办一套崭新的碗筷，以备供神祭祖的时候用。这除了表示对祖先神灵的敬意之外，也寓意着一家人丁兴旺、丰衣足食。而且筷子讲究用红漆筷，寓意吉祥。

在年集上，最热闹的地方，当然还是鞭炮市。卖烟花鞭炮的摊点，被里三层外三层的人包围着。而那些卖烟花鞭炮的商贩更是扯破喉咙，不遗余力地吆喝叫卖，不时地点燃一挂鞭炮来炫耀自己的鞭炮

在旧日的年市上，最热闹的地方当然属鞭炮市

最响亮。

他们争相比试各自货品的好坏，往往是你放一挂鞭炮，我就点两个"闪光雷"，在空中连接响起。于是，整个集市上，都是此起彼伏的鞭炮声，把年集的年味烘托得更加有声有色。

这时候，一些送财神和灶马的商贩，也频频穿行在城镇乡村的街巷里。他们希望在年节前再多得一份收入，也为年节增加了更多流动的风景。人们为了迎接年节的到来，一个个都忙得不亦乐乎。

迈入腊月门，我国民间置办年货的习俗由来已久。如北宋文人孟元老所著的《东京梦华录》里面在记载宋代汴京腊月市面情景时说，到处都能见到卖门神、钟馗像和对联的摊贩。另外，集市上卖的食品也是五花八门，有"干茄瓠""马牙菜""饺子馅"及各种鱼类等。人们竞相采购，以备除夕之用。

而在清代文人顾禄撰写的《清嘉录》一书里面，把苏州腊月年市的情景，描写得更加生动详细：年市上热闹非凡，人们都忙着置办年货。一直到深夜，仍不散市。当时的杂货铺、熟食铺，生意异常兴隆。人们纷纷购买鸡鸭鱼肉，以备年节时食用。纸马香烛铺，则将提前印刷好的财神、灶马、门神等摆出来出售。另外，还有纸糊的元宝、蜡烛和各类名香等供品。

在现代的年市上，香烛纸马的生意仍很红火

老北京的年货种类之多，是全国各地都比不了的。据《京都风俗志》记载："腊月十五日以后，市中卖年货者，星罗棋布。"

老北京是汉人、满人，北方人、南方人杂居之处。尤其是在上层社会，即官僚阶层中，各种风俗交流更加普遍，从而使得老北京的年货五花八门，汇集南北之精华，吃的、用的、穿的、戴的、耍的，一应俱全。

《春明采风志》一书，曾详细记载了老北京年市上的儿童耍货：

"琉璃、铁丝、油彩、转沙、碰丝、走马、风筝、口琴、纸牌、拈圆棋、升官图、江米人、太平鼓、响葫芦、琉璃喇叭，率皆童玩之物也。"就连儿童耍货都如此丰富，其他品种的年货就毋庸赘述了。

那些酒肆、药铺的掌柜，也纷纷打发店铺的伙计们，将"酒糟""苍术""辟瘟丹"等馈送给主顾家。这样做的目的，一来是给主顾们送上一份新年的祝福；二来可以为自己的生意招徕更多的顾客。由此看来，古人的经商之道，至今仍值得我们借鉴。

那些禁不住鞭炮诱惑的孩子们，早已开始偷偷地燃放起来

当然，这个时候最高兴的就是孩子们了。那些性急的孩子，偷偷把大人为他们买来过年时燃放的爆竹拆下几枚来，然后跑到大街上燃放。零星的爆竹声，更加增添了新年将至的气氛。

在我国山西民间流传着这样一首民谣："二十三，打发老爷子上了天；二十四，扫房子；二十五，蒸团子；二十六，割下肉；二十七，擦锡器；二十八，沤邋遢；二十九，洗脚手；三十日，门神对联一齐贴。"

在北京也流传着这样一首民谣："二十三，祭灶官；二十四，扫房子；二十五，磨豆腐；二十六，去割肉；二十七，杀只鸡；二十八，蒸枣花；二十九，去打酒；年三十儿，捏枣鼻儿；大初一儿，撅着屁股乱作揖儿。"类似的民谣，在全国各地还有很多，内容也都大同小异。

这些民谣，生动形象地反映了人们忙年时紧张、忙碌的生活情景。但是，在这份忙碌中，却更多地透着欢乐和温馨。

◎ 二十三，祭灶王

过去的农家灶房里，大都供奉着灶王爷的神像

农历腊月二十三为祭灶节，民间又称"辞灶"或"过小年"。在这一天晚上，每家每户都要祭祀灶神。部分地区，也有在腊月二十四这天举行祭灶仪式的。

祭灶，是春节时令中施行最早、影响最大、流传最广的一项传统祭祀活动。在过去，几乎家家灶间都设有"灶王爷"的神位，人们称这尊神为"司命菩萨"或"灶君司命"。传说他是玉皇大帝的"九天东厨司命灶王府君"。他不仅主管人间饮食，负责管理各家的灶火，而且还监视并记录每家每户的起居善恶，掌握人间寿夭福祸，被百姓作为每一户人家的保护神而崇拜，故又被称为"一家之主"。

灶王龛大都设在灶房的背面或东面，中间供上灶王爷的神像。没有灶王龛的人家，也有将灶神像直接贴在墙上的。有的神像只画灶王爷一人，有的则男女两人，女神被尊为"灶王奶奶"。人们把家中烟火长旺，吃有饭、食有肉的愿望寄托于灶王爷，并将其供奉在灶间。

祭灶，就是人们将在灶间站岗值班辛苦了一年的灶王爷送上天，由他向居住在天上的玉皇大帝报告所在人家一年的善与恶。

祭灶的风俗，由来已久。灶君，早在夏朝的时候就已经成为民间尊崇的一位大神。上自天子，下到庶民，对灶神都非常尊崇。

从周朝开始，祭灶就被列入宫廷祭典，在全国立下了祭灶的规矩，成为了固定的仪式。《论语》中有"与其媚于奥，宁媚于灶。"孔子在向其弟子解释人们"媚于灶"的原因时指出："不然，获罪于天，无所祈也。"

一家之主灶王爷

东汉儒学大师郑玄在注解《礼记·记法》时说："（灶神）居人间，司查小过，作谴告者也。"这说明，在汉代的时候，灶神已经成为督察人间过错，并向玉帝进行汇报的神了。

灶君何许人也，最初传说他是天上的一颗星宿。因为犯了过失，玉皇大帝把他贬谪到人间当了"东厨司命"，掌握各家的祸福，监视人们的行为。他把全年各家做了什么好事、坏事都记录下来，到腊月二十三，就回到天上去，向玉帝禀告这家人的"善恶"情况。人们也就按照灶王归天和下凡的时间安排了"送灶"和"接灶"的仪式。

后来，越传越乱，越传越玄，关于"灶王"的传说，名堂就更多了。有的说"灶神状如美女"；有的说是昆仑山上的一位老母，称作"神火老母元君"。这些传说，可能是受原始母系氏族社会的影响。在母系氏族社会里，妇女掌握着生产、生活大权，灶神这个职务自然也由妇女来充当了。

以后，灶神摇身一变，由一位美女或老太婆变成了老伯公。《淮南子》中说："黄帝作灶，死为灶神。"又说："炎帝于火，死而为灶。"《五经异义》则认为"火正祝融为灶神"。

民以食为天，人们祭祀灶王主要是为了感激和歌颂灶神的功德。再后来，民间关于灶神的传说更是五花八门，出现了很多不同姓名的灶王爷。有人说他姓苏，名吉利，

清代平度年画里的灶王爷爷、灶王奶奶形象

夫人姓王，名搏头；有的说他姓张名奎，夫人叫高兰英……

不仅如此，只要你仔细看一下民间传统的灶王木版年画，就知道人们还为他安排了家室、灶具、家畜、家禽等，犹如一个小家庭。关于灶神的来历，真正能够反映人民意愿的一个传说是这样的：

玉皇大帝的小女儿贤惠善良，十分同情天下的穷人。后来，她偷偷爱上了一个给人烧火帮灶的穷小伙。玉帝得知后，勃然大怒，就把小女儿打下凡间，跟着"穷烧火的"受罪。

王母娘娘疼爱女儿，就在背后讲情，玉帝才勉强给"穷烧火的"封了一个灶王的职位。人们就称"穷烧火的"为灶王爷，玉帝的小女儿自然就成了灶王奶奶。

灶王爷和灶王奶奶都深知人间百姓的疾苦，他们常常借回天庭的机会，从天上带些好吃的、好喝的下来分给穷苦百姓。玉帝本来就嫌弃这个穷女婿，察觉此情之后，异常恼火。从此，只准他们每年年底回天庭一次。

后来，世人为了纪念灶王爷和灶王奶奶的恩德，每到腊月二十三这一天，都要做一些好吃的，并燃放鞭炮为灶王爷和灶王奶奶饯行。

祭灶的仪式，大多是在黄昏入夜之时进行。祭灶与过年有着密切的关系。因为，在7天之后的大年三十晚上，灶王爷便会带着一家人应该得到的吉凶祸福，与其他诸神一起来到人间。灶王爷被认为是天上诸神的引路人。其他诸神在过完年之后再度升天，只有灶王爷长久地留在人间的厨房内。

另外，民间还有传说，认为灶王爷上天专告人间罪恶，大罪要减寿300天，小罪要减寿100天。试想，平白无故地丢掉几百日的寿命，这种惩罚实在是让人敬畏。所以，人们在祭灶的时候，丝毫不能马虎，要打点一下灶神，求其高抬贵手。

民间祭灶时供奉的糖瓜

于是，人们在祭灶仪式中，

要供奉一些枣子、柿饼、糖饼之类的食品，并燃香点烛。其中，最引人注目的是一碟又粘又甜的灶糖，人称"糖瓜"。

糖瓜，是用大麦芽子熬制的，因此也叫"麦芽糖"。如棋子一般大小，咬一口，又酥又甜。可是，等到含在嘴里一嚼，就变得又软又黏了，能把牙齿粘住。

为什么选它作为祭品呢？意思是让灶王爷吃了粘住他的嘴，好话多说，坏话少讲。怪不得灶王爷两边的对联上写着："上天言好事，回宫降吉祥。"

有的地方，还将糖稀涂抹在灶王爷嘴巴的四周，一边涂一边说："好话多说，坏话别说。"

在唐代文学作品《辇下岁时记》中，就有用酒糟涂抹在灶王爷嘴上，使其醉酒的记载。不论涂酒糟，还是涂糖稀，其目的都是一样的，就是为了让灶王爷少说坏话，以免给家庭带来不祥和灾祸。当然，这种愿望在现在看来，是既有趣又可笑的。

过去，在祭灶的时候，除了要给灶王爷上香和供奉糖果美食之外，还要为灶神的坐骑撒马料，要从灶台一直撒到厨房门外。

傍晚时分，家里所有人按长幼顺序，依次跪在上供的灶台前，向设在灶王龛或灶墙上的灶王神像磕头。家里年长的人，嘴里还念叨着："灶王灶王，你上天堂，多说好，少说歹，五谷杂粮全带来。"

人们希望灶王爷上天一帆风顺，来年给家里带来丰收，企盼家人平平安安，团团圆圆。

祭拜后，要将上一年祭祀灶王爷的神像恭恭敬敬地从灶王龛或灶墙上请（取）下，焚烧，燃放鞭炮相送，以示灶王爷升天。同时，还要烧上足够的纸钱，以作灶王爷上天路上的盘缠，这样仪式就算完毕了。

旧时，我国民间曾流传着"男不拜月，女不祭灶"的说法。据说，灶王爷长得像个小

祭灶，是在全国各地影响颇深的一个传统节日

旧时，北京民间祭灶时所用的黑豆、清水和灶马

白脸，怕女的祭灶，有"男女之嫌"。所以在有些地方，女人是不参加祭灶的。不过到了近代，却多数由家庭主妇来充当祭灶的角色了。

北京俚曲《门神灶》，生动地描述了老北京每逢腊月二十三，家家户户祭灶时的情景："年年有个家家忙，二十三日祭灶王；当中摆上一张桌，两边配上两碟糖。黑土干草一碗水，炉内焚上一股香；当家的过来忙赞祝，赞祝那灶王爷降了吉祥。"

在祭灶这一天，北方民间讲究吃饺子，取"送行饺子迎风面"之意。南方地区多吃糕。山西东南部有些地区，还有吃炒玉米的习俗，当地民谚有"二十三，不吃炒，大年初一—锅倒"的说法。人们喜欢将炒玉米用麦芽糖粘结起来，吃起来酥脆香甜。

祭灶之后，民间认为诸神已经上天，至除夕才能迎回。在此期间，人间无神管辖，百无禁忌。娶媳妇、聘闺女不用择日子，称为"赶乱婚"或"赶乱岁"。直至年底，举行结婚典礼的特别多。民谣有："岁晏乡村嫁娶忙，宜春帖子逗春光；灯前姊妹私相语，守岁今年是洞房。"

"赶乱岁"，是民众为自己设计的调节社会生活的特定时段。岁末年终，人们有了闲暇与积蓄，对于平时难得有精力操办大事的人家来说，是一个好时机。因此，人们根据现实生活需要，创造了这一特殊的民间习俗。

过了腊月二十三，距离春节只有六七天的时间了，过年的准备工作显得更加紧张忙碌了。

◎除旧布新"扫尘日"

腊月二十四扫尘

举行过祭灶的仪式之后，人们便开始做迎接新年的准备了。每年从腊月二十三起到除夕止，我国民间把这段时间称为"迎春日"，也称"扫尘日"。

民间多选择在腊月二十四这天"扫尘"。扫尘，就是年终大扫除，北方称"扫房""扫灰"，南方叫"掸尘"。

扫房除尘的习俗，由来已久。"帚"这个字，在甲骨文中就已经出现了。相传扫帚一物，乃夏代"中兴之主"少康所创。陕西省宝鸡市出土的商周青铜器上，就有洒扫人形的铭文。

另外，在《礼记》一书中也有"鸡初鸣，洒扫室及厅"的记载。这就说明，我们的祖先早在2000多年以前，就已经采用合乎卫生要求的湿式扫尘了。

到了唐、宋时期，扫尘之风十分盛行。据宋代文人吴自牧撰写的《梦粱录》记载，每到腊月下旬，无论是贵族官宦人家的豪宅大院，还是平民百姓的陋室，都要一丝不苟地清扫卫生，以求新年吉祥平安。

按照我国民间的说法，因为"尘"与"陈"谐音，新春扫尘有"除尘布新"的含义，且用意就是要把"晦气""穷困"统统扫出门去。这一习俗，象征着人们辞旧迎新，荡涤污秽，期望来年万事如意、人畜平安的美好愿望。

不过有趣的是，古时候关于扫尘习俗的由来，在民间却流传着一个令人感觉颇为诡异的故事：

万象更新，是人们对新的一年的美好祝愿

传说，人的身上都附有一个"三尸神"，他经常给玉皇大帝打小报告，说人间的坏话。一次，三尸神密报，说人间在诅咒玉帝，想谋反天庭。玉帝听了之后，勃然大怒，立即命三尸神把暗记写在那些说玉帝坏话人家的墙上，再让蜘蛛结一张大网，挂在屋檐下。玉帝又命令王灵官除夕之夜下界，凡是见到三尸神做了记号的人家，统统满门抄斩。

三尸神下凡之后，为了独占人间的美好，竟然在每一家墙壁上都做上了暗记。三尸神的阴谋眼看就要得逞，却被灶王爷发现了。事关重大，灶王爷赶紧将这件事情告诉了世间的百姓，然后叮嘱百姓们，从送灶之日起到除夕，家家户户一定要把扫尘的事情做好。人们谨遵灶王爷的叮嘱，家家户户都将院里院外打扫得干干净净。

扫尘是一件又脏又累的事情，但为了春节的吉祥，人们做得一丝不苟

除夕这一天，王灵官奉旨下界察看，却见家家户户都很干净，百姓安分守己，一片祥和之气。之后，玉帝从王灵官的嘴里得知三尸神在冤枉好人，怒火万丈，便下令将三尸神永拘天牢。

从此，心地善良的灶君受到了大家的拥戴。每年祭灶之后，家家户户都要打扫卫生。清洁各种器具，洒扫六闾庭院，掸拂尘垢蛛网，疏浚明渠暗沟。

经过扫尘之后，各家居民房舍、店铺都焕然一新。全国各地，到处都洋溢着欢欢喜喜搞卫生、干干净净迎新春的气氛。

除了扫尘，腊月二十三之后，大人、小孩都要洗浴、理发。因此，民间才会有"有钱没钱，剃头过年"的说法。这样做，一是为了精精神神地迎新年，二是民间有"正月里剃头死舅舅"的说法。为了避讳，腊月二十三之后，家里的大人都会督促孩子们必须去理发。

有些地方，人们还要检查一年下来用过的药方，不宜用的就"挑而弃之"，谓之"丢百病"。

扫尘之后，家家户户仍继续忙年。只要春节未过，冷不丁就会

腊月二十五接玉皇

想起哪样东西没有添置。人们除了忙着购买祭祖敬神用的香蜡纸马，还要购买各种果品、菜蔬、点心、酒类，"请"财神、打年糕、蒸花馍、剪窗花、买年画……

旧时不像现在，许多食品可以到超市里随意选购，而是要自己动手制作。特别是在农村，更得自制。如杀猪宰羊之后，要把肉类炖好，将内脏分门别类做成各种菜肴；要用猪血或猪肉加团粉制作灌肠，用鲜肉制作腊肉；要磨豆子做豆腐，还要制作冻豆腐等等。虽然家家忙得不可开交，但却洋溢着浓浓的喜庆气氛。

腊月二十五，在我国的有些地区，还流传着"接玉皇"的习俗。旧俗认为，灶神在腊月二十三上天之后，玉皇会在腊月二十五这天亲自下界，察看人间的善恶，并定来年的祸福。所以，家家户户祭之以祈福，称为"接玉皇"。这一天，人们的起居、言语都要谨慎，争取好的表现，以博取玉皇的欢心，降福来年。

江南一带的民间，还有"照田蚕"的祈年习俗。在腊月二十五这一天，人们把绑缚着火炬的长竿立在田野上，用火焰来占卜新年，火焰旺则预兆来年丰收。这一习俗，也叫"烧田蚕""烧田财"等。有些地方，则是在年三十举行这一活动。

◎年馍，一道温馨的印记

年馍，是年节时必备的食品、礼品及供品。在我国北方民间广泛流传着这样一句俚语："二十八，把面发。"

这里的"把面发"，就是指民间春节前蒸年馍的习俗。我国民间大部分地区，在过罢"小年"之后，各家各户都会根据自家的安排，在年三十之前选一天蒸年馍。一般人家，把蒸年馍的时间选在腊月二十六到二十八这三天里。

蒸年馍是一件辛劳而又富有情趣的事情。刚一进腊月门，妇女们便开始着手为蒸年馍做准备了，淘麦、磨面，早早就将磨好的面粉储存在面坛里。

漂亮的花馍

到了蒸年馍那一天，家庭主妇们先把面放在一个大沙盆里，等它发酵。一切准备妥当，再拿到案板上反复揉搓，用力要均匀。只有这样，蒸出来的馍，吃起来才劲道，鲜香可口。

等面和好之后，她们开始动手做年馍。一把菜刀、一把剪子、一把木梳，就是她们手中最简单的操作工具；一把红枣、一把红豆、一把黑豆，则是她们精心佳作上的俊美装饰。红豆、黑豆做眼睛，鬓发、胡须用剪子剪，蹄尾、肢体用菜刀切，红枣、梳印做花点。

蒸制年馍的数量，是"多多益善"。有些馍要作为供品，有些馍要作为节日期间的面食，有些还要用来作为走亲戚的礼品。年馍蒸的数量要够吃到正月十五，甚至吃到二月二。民间认为，来年第一次蒸馍的时间愈晚，表示愈富有。

山东民间过春节时供奉的枣饽饽

民间蒸年馍，最讲究的是走亲戚用的"礼馍"和供奉祖先、神灵的"供馍"。礼馍，有鸡、鱼、牛、兔子、老虎、猴、狮子、刺猬、蝉等动物形状的馍，以及寿桃、石榴、莲蓬、"二龙戏珠""丹凤朝阳""龙凤呈祥""鸳鸯戏牡丹"等花样繁多的花馍。在制作这些花馍时，有些地方是采用"面模"（俗

中国传统记忆丛书

图说
老节俗

20

枣山

称"馍馍楦子")进行制作。

这些花馍在作为正月赠送亲友的礼品的同时，也供节日间食用。这些花馍，都有期盼丰衣足食、吉祥如意的美好愿望。

供馍，有不加装饰的"神馍馍"（也有地方称"光头馍馍"）和枣馍两种。"神馍馍"形色单一，可是枣馍的种类却很多，有枣花、枣山、枣卷等。不同地区枣馍的做法，也不完全相同。山东地区的枣馍，是在馍馍顶端做上5个枣鼻子，再嵌上红枣蒸熟；河南郑州一带是把一个枣花馍叠放在一个大面饼上，从下至上，次第渐小，套成一个山形枣馍；山西霍州一带的枣馍，则是将枣花卷成五环，内置5颗红枣，取"五福盘寿"之意。

蒸年馍都是用大铁锅，使用的柴禾也都是木柴，麦草、豆秸类的不行。由于蒸年馍要一锅锅地蒸，人们常常要起早贪黑连续蒸馍，有时候甚至要忙到深夜。

在蒸年馍的时候，各家的家庭主妇们都小心谨慎，不随便说闲话。可能是因为蒸年馍的面一般比较硬，在蒸制的过程中极容易开裂。但是过年事事图个吉利，若蒸制的年馍裂开，家中的任何一位成员都不能大惊小怪，更不能说"裂了""完了""糟了"等不吉利的话。所以，当主妇一掀开锅盖时，若见年馍裂开，即大声叫道："大馍馍'笑'了！"讨个吉利口彩。

到了腊月三十这一天，年前的准备都已就绪。人们请出神像和祖宗的牌位，把年馍和其他贡品恭恭敬敬地摆上供桌。有的人家还用元宝形状的年馍，连同豆腐和煎鱼一起放到锅里，盖上锅盖。这个习俗名叫"压锅"，取其"富贵有余"的寓意。

年复一年，蒸年馍的习俗不

过去，青岛农村地区在过年时有"压锅"的习俗

知道延续了多少代，而这种习俗至今仍在沿袭着。年馍，在主妇们的一双双巧手里，散发出淳朴的芳香。她们期盼的是五谷丰登、六畜兴旺的年景，还有全家老小的岁岁平安！

◎红彤彤的春联，红火火的年

中国传统记忆丛书

图说
老節俗

22

旧时，每当进了腊月门，在街市上就会有不少书写、售卖春联的摊点

在我国民间，红色是一种深受人们喜爱的颜色，因为红色代表着喜庆与吉祥。红彤彤的春联，便成为春节里一道古老而又不可缺失的风景。

每当一迈进腊月门，集市上便开始出现了卖春联的摊贩。那一副副火红的春联，在冬日的寒风中招展着。它们就像一团团跳动的火焰，温暖着一颗颗谆朴的心。

春联，也叫"门对""春帖""对联""对子"等。在我国民间，春联已经有几千年的历史。只不过最初，它没有被明确地称为春联罢了。它最早是起源于古代的"桃符"。

门神神荼、郁垒塑像

那么，何谓"桃符"呢？

关于桃符的来历，千百年来，在我国民间流传着这样一个传说：

传说，在东海度朔山上有一棵盘曲三千里的大桃树。其枝伸向东北方的鬼门，万鬼皆由此出入。树下有神荼、郁垒两个神仙把守。他俩专门监察百鬼的行为，若发现哪个鬼为非作歹，便用苇索将其捆起来，喂给老虎吃。故而，民间才会有鬼怕桃木之说。

自春秋以来，每逢过年，人们便会用两块桃木挂在门旁代替神荼、郁垒，以示驱鬼。到了战国时期，又有人以桃木刻人，置于门侧。后来，由于用桃木刻木人很费工夫，有人索性在两块桃木板上，画上两个神像（或写上神灵的名字）来代替桃木人，这就是桃符的来历。

后蜀广政二十七年（964年）春节前夕，后蜀皇帝孟昶一时心血来潮，下了一道命令，要求群臣在桃符上题写对句，以试才华。可是，当群臣们把写好的对句呈给孟昶过目时，孟昶都不满意。于是，他亲手提笔，在桃符上写下了"新年纳余庆，嘉节号长春"的对句。

这也就是被后世公认的我国最早的一副对联。自此以后，对联在我国民间逐渐兴起。到了宋代时，桃符已经由桃木板改为纸张了。这样，既不失桃木镇邪的意义，又可以更好地表达自己的美好心愿，并装饰门户。宋代以后，民间新年张贴春联已经相当普遍。

但在当时，春联还是被称为桃符。王安石的《元日》诗中写道："爆竹声中一岁除，春风送暖入屠苏；千门万户曈曈日，总把新桃换旧符。"桃符改称"春联"，已是明代的事情。

明朝洪武元年（1368年），明太祖帝居金陵（今南京）时，除夕之夜，令公卿士庶之家都张贴春联。大年三十这天，他还亲自微服出行，逐门观看。

他看到各种内容的春联交相辉

春节时，贴着大红春联和门笺的农家院门

映，感到十分惬意。后来，他经过一户人家，见门上还没有贴春联，便上前去询问，才知道这是一家阉猪的，还未请人代写。于是，朱元璋就特意为那户阉猪人家写了一副"双手劈开生死路，一刀割断是非根"的春联。联意甚是贴切、奇巧、幽默。朱元璋实在是一位热心的春联倡导者。此后，春联得以大范围推广，从而沿袭成为一种风俗，其应用范围也越来越广泛。

到了清代，贴春联的习俗已颇具规模。自腊月二十以后，城镇的街市上就会出现许多"对子摊"，就是专门为写春联而设的市肆书棚。

民间贴春联，讲究有神必贴，每门必贴，每物必贴。因此，所写春联的数量特别多，也特别讲究。比如常见的财神联："天上财源主，人间福禄神"；天地神联："天恩深似海，地德重如山"；土地神联："土中生白玉，地内出黄金"；井神联："井能通四海，家可达三江"等等。

另外，还有一些单联，如每个卧室里都贴"抬头见喜"，大门对面贴"出门见喜"。粮囤、畜圈等处的春联，则都是表示热烈的庆贺与希望，如"五谷丰登""六畜兴旺"等。

在腊月三十这天上午，孩子们端着熬好的糨糊，手拿小笤帚，欢天喜地地跟随大人们一起贴春联。有的人家则习惯提前一天贴，这是为了避免出现因为天气骤然变冷冻干糨糊而贴不住春联的尴尬。

满脸稚气的小男孩在跟随着大人贴春联

过年嘛，事事都要讨个顺心。

在每家每户的庭堂院落里，格外惹眼的，除了火红的春联，还有一个个大小不一的"福帖"。贴"福帖"与贴春联一样，也是我国民间一个非常古老的习俗。在宋代文人吴自牧撰写的《梦粱录》一书中，就有"贴春牌"的记载。而"春牌"就是写在红纸上的"福"字。

清朝时，每年正月初一，皇帝

倒贴"福"字,寓意福到

都要在乾清宫西暖阁召见一部分王公大臣，赐给他们由皇帝本人亲笔书写的"福帖"，这叫做"赐福"。这一做法，对民间春节贴"福帖"的习俗起到了推波助澜的作用。

"福"字在现代的解释是"幸福"，而在过去则指"福气""福运"。春节贴"福"字，无论是现代还是在过去，都寄托着人们对幸福生活的向往，也是对美好未来的祝愿。

倒贴"福"字，传承着人们过年爱美、求吉祥的传统，烘托了过年的味道与气氛。倒贴"福"字，取其"倒"和"到"的谐音，意为"福到了""福气已到"。

在民俗传统中，倒贴"福"字主要在两种地方：一种是贴在水缸和垃圾箱上。由于水缸和垃圾箱里的东西要从里边倒出来。为了避讳把家里的福气倒掉，便倒贴"福"字。这种做法是，巧妙地利用了"倒"字的同音字"到"，用"福至"来抵消"福去"，用来表达对美好生活的向往。另一种就是贴在柜子上。柜子是存放物品的地方，倒贴"福"字，表示福气和财气一直在家里。而大门上的"福"字应该正贴。因为大门上的"福"字有"迎福"和"纳福"之意，而且大门是一个家庭的出入口，是庄重和恭敬的地方，故而应当正贴。

◎扮靓记忆的年画与窗花

过年，民间除了张贴春联之外，还有张贴年画和剪窗花的习俗。一幅幅无比精美的年画，一件件栩栩如生的剪纸，像一枝枝瑰丽的花朵，装扮着这个普天同庆的节日。

年画的起源和春联一样，都跟古代的桃符有关。门神则是年画的最早形式，滥觞于远古。南朝民俗学家宗懔在《荆楚岁时记》中记载，时人在桃木板上雕刻上神荼、郁垒的画像，然后悬挂在门户的两旁，用来驱邪辟疫。时人称其为"仙木"，俗称"门神"。由此可知，最早的门神是刻在木板上的，而不像今天这样是用纸张印刷的。

不过，在我国民间的传说中，门神的造型大都是以唐太宗李世民手下的两员大将秦叔宝和尉迟恭为原型。

旧时，年画是春节里一道亮丽的风景

相传，唐太宗时期，宫中闹鬼，李世民吓得心神不宁。他手下的大将秦叔宝和尉迟恭，一个持剑、一个拿叉，昼夜替李世民站岗壮胆，宫中才平静下来。李世民觉得两位大将太辛苦，便令画师将两位将军威武的形象绘在宫门上。后来，这种方式便流传到了民间。

宋代以后，木版年画已成为普通百姓年节中不可缺少的一部分。元代木版年画中有《寿星图》《八仙图》《松鹤延年》等等，而且出现大批出售交易市场。明代，在明太祖朱元璋的提倡之下，这种习俗得以更大的发展。

门神秦琼与尉迟恭

年画作坊更是遍及大江南北。从晋蒙到湖广，从陕甘到闽台，

民间木版年画《八仙聚会》

到处都有专业或半专业的作坊，从事年画制作。其延续时间之长、传播范围之广、生产规模之大、技艺之高超、形式之多样，在世界印刷史上都是罕见的。

清代的年画艺人，人才辈出，相继出现了"三大民间木版年画"：天津的"杨柳青"、苏州的"桃花坞"和山东的潍县（今潍坊市）年画。

年画的内容，也不再局限于门神、灶王、财神，而出现了许多像《五子登科》《五谷丰登》《迎春接福》《六畜兴旺》《老鼠嫁女》《福禄寿三星图》《天官赐福》《白蛇传》《水浒传》等生活味道浓厚、寓意深长的年画。

民国初年，上海著名画家郑曼陀将月历和年画二者结合起来。这是年画的一种新形式。这种合二为一的年画，后来就发展成了挂历。

在民间，人们过春节的时候还喜欢在窗户上贴上各种窗花。窗花不仅烘托了喜庆的节日气氛，也集装饰性、欣赏性和实用性为一体。千百年来，它深受人们的喜爱。

窗花，以其特有的概括和夸张手法，将吉事祥物、美好愿望表现得淋漓尽致，把节日装点得红火富丽。窗花，是民间剪纸的一种。剪纸，是中国最古老、最流行的民间艺术之一。2000多年以来，自剪纸艺术诞生的那一刻起，在我国民间就从来没有间断过。

剪纸艺术，不仅能够表现出不同时代、不同地区群众的审美情趣，也蕴含着民族的社会深层心理。在我国民间，关于剪纸艺术的起源，曾流传着这样一个故事：

相传，姜子牙归国封神，其妻马氏被封为扫帚星。扫帚星能使人霉运连连。姜子牙便令她"见破不入"，过年时不可进入穷苦人家。穷人便在门框上悬挂破布作为记号，这家挂，那家也挂。后来，有的巧妇以为不美，刻意剪成吊笺（一种剪纸作品）取代破布。于是，剪纸便在民间流传开来。

门笺

窗花的题材很多，主要以吉祥喜庆为主，如《喜鹊登梅》《孔雀戏牡丹》《燕穿桃柳》《狮子滚绣球》《三羊（阳）开泰》《五蝠（福）捧寿》《犀牛望月》《莲（连）年有鱼（余）》《鸳鸯戏水》《和合二仙》《刘海戏金蟾》等等。

年画和窗花这一对民间艺术的姊妹花，扮靓了春节，也为每一个人童年的记忆里，增添了一种美好的回忆与幻想。

◎炸开欢颜的爆竹

爆竹，是将节日的喜庆气氛推向高潮的"魔术师"，也是孩子们最喜欢的玩物之一。

从腊月二十三开始，就已经能够听到爆竹零星的炸响了。尤其是那些顽皮的孩子们，他们经不住爆竹的诱惑，将一整挂的爆竹拆开，零散地燃放。他们一只手持着香，一只手拿着爆竹，在街巷里快乐地追逐着。在东边燃放一个，又在西边燃放一个，清脆的炸响声和着孩子们的欢笑声，传遍每一个角落。

民间燃放鞭炮的序幕，是从大年三十的中午揭开的。人们将家堂、财神像等供奉上之后，都要燃放鞭炮，以示吉庆。于是，

鞭炮

中国传统记忆丛书

圖说
老節俗

爆竹的炸响此起彼伏，空气中则弥漫着浓浓的烟硝硫磺的气息。

爆竹，也叫"鞭炮""炮仗""爆仗"等，在我国已有2000多年的历史。那爆竹里面明明没有竹子，为什么叫"爆竹"呢？

这就要从爆竹的来历说起。在古代，劳动人民在用竹子烧火时，竹子发出"毕毕、剥剥"的声音，令人觉得很有趣。日子长了，人们又发觉声音的高低大小，与竹子的粗细有关。竹子越多越粗，声音越响，各种不同的声音也越多。后来在喜庆之日，人们把竹子锯成一段一段的，保留两头的竹节，并把它们扔进火盆里。竹节一受热，密封在竹筒里的空气就会膨胀，于是"啪"的一声，就把竹子爆裂开来了。"爆竹"这个名字，就是这么得来的。

那么，为什么到过年的时候，人们要燃放爆竹呢？

相传很久以前，在我国南方的深山中有一种怪物，名叫"山臊"，身子一尺多长，只有一条腿，跳着走路。它最喜欢找人的麻烦，谁若遇见了它，谁就会得病，发寒发热。大家正苦于不知道用什么办法来对付这种讨厌的小怪物，却碰到了一件意外的事情。

鞭炮，是男孩子们最喜欢的玩具之一

有一次，几个山民到半山腰上砍竹。他们肚子饿了，便找来一些干枯的竹子煮饭。这时候，正逢几只山臊下山。山民们十分惊恐，准备弃食逃跑，但又怕山臊追上来，吓得不敢动弹了。

燃烧的竹节发出"毕毕、剥剥"的声音。听到响声，那几只山臊再不敢往前靠近了。有一个机灵的山民想，也许是那些"毕毕、剥剥"的声音，使山臊不敢走近。于是，他又往火堆里添加了不少竹节，爆裂声更加响亮了。果然，那几只山臊吓得拼命往山上逃去了。

后来，每当山臊下山的时候，山民就把锯好的竹节放在火堆里，用它的爆裂声驱赶山臊。从此，每年农历正月初一的凌晨，人们就燃烧竹节，用以恐吓山臊，以求新的一年安宁。

在古代，由于科学技术落后，人们迷信鬼神，便经常用爆竹来赶鬼、辟邪和逐疫。

据说在唐代初期，瘟疫四起，有个名叫李畋的人，把硝石装在竹筒里，点燃后使其发出更大的声响和更浓烈的烟雾。结果，驱散了山岚瘴气，制止了疫病流行。这便是装硝爆竹的最早雏形。

鞭炮，为春节增添了更多热烈喜庆的气氛

从此，人们纷纷仿效，开始以盛装火药的竹筒驱邪。这样一来，真正意义上的"爆竹"就诞生了。

到了宋代时，爆竹改为纸制。最初的纸卷爆竹，响一下就完事。南宋时期，出现了"鞭炮"。南宋文人周密在《武林旧事》一书里面，提到了一种内藏药线、能够一连响百余声的鞭炮。这种鞭炮，已经跟现在的"百子爆竹"极为相似了。

当时，讲究一些的鞭炮全部用红纸卷成，不掺一点白纸。待燃放之后，红纸片铺满地面，谓之"满地红"。这也是取其吉利的意思。

由于爆竹能够增添喜庆气氛，本身又小巧轻便，因而逐渐在民间传播、生产起来，其品种也越来越多和趋于完备。诸如二踢脚、麻雷子、霸王鞭、闪光雷、中子鞭……不仅有百头、千头，甚至有十几万头的鞭炮，还有能呈现变幻之状、喷发出种种颜色火焰的"烟花"等等，从而使春节的民俗活动愈加绚丽多姿。

当然，春节除了燃放爆竹，还要燃放各式各样的烟花。明、清时期的烟花制作，已经达到了相当高的水平。从高度、品种到造型都相当出彩。明代文人张时辙在《观烟花》一诗中，对烟花燃放在空中时的景象做了生动的描绘："空中捧出百丝灯，神女新妆五彩明；真有斩蛟动长剑，狂客吹箫过洞庭。"

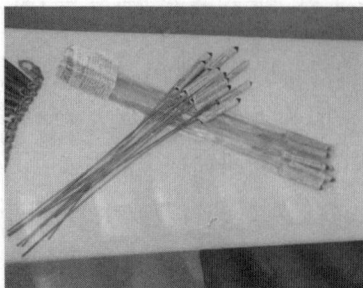
窜天猴

娃娃放鞭炮

清代著名小说家曹雪芹在《红楼梦》里，对燃放烟花的盛况有过精彩的描述："院子内安下屏架，将烟火设吊齐备。这烟火俱系各处进贡之物，虽不甚大，却极精致，各色故事俱全，夹着各色的花炮。说话之间，外面一色色的放了又放。又有许多'满天星''九龙入云''平地一声雷''飞天十响'之类的零星小爆仗。"从这段描述，足可以看出当时新春燃放烟花的盛况。

今天，科学技术有了很大的进步，烟花爆竹的制作，在现代科学技术发展的基础上又前进了一大步。爆竹不仅制作精美，就是名称也带有浓厚的中华文化色彩和时代特色，如"鸳鸯戏水""胜利花""二龙戏珠""全家福""白雪红梅""寒月明"等等，多达1000余种。

这些爆竹和烟花在节日里燃放起来，真是繁花似锦，姹紫嫣红，把整个节日装点得更加绚丽多彩。

◎恭请家堂，祭先人

春节是一个弘扬孝道，增强家族凝聚力的传统节日。古人曰："百善孝为先。"这一点，在大年三十请家堂的仪式上，显得尤为突出。

家堂，又称"家谱""家谱轴子""祖影""柱子"等，各地称谓不一，属于中堂的一种。

请家堂，是我国民间不少地区在春节期间举行的一种民俗活动。其用意就是在过春节的时候，将祖宗和已

家堂,是一个家族历史的缩影

故亲人的亡灵请回家来，与家人一起过年。这一纪念仪式，是对过世亲人的一种尊敬，也是健在之人的一种精神寄托，同时也含有教育、警示后人对老人要孝顺的意思。

家堂的幅面较大，一般宽1.5米左右，高2米左右。家堂所展示的内容，是程式化的。主题画面自上而下分为两部分。上部分的顶部，绘有两位容貌慈祥、面含微笑的老年夫妇。他们端坐在宗祠之中，象征着本家族的祖先，在俯视着子孙后代。在二老前面有一供桌，其上置一牌位，写着"三代宗亲"4个字。供桌的下面，是长长的甬路，甬路的两侧，画有一排排整齐的格子，用来记录已逝的祖先、长辈或同族人的名字。名字排列是有规矩的，男居左女居右，夫妻二人左右对称呼应；辈分最高的在顶层一格，其他长辈名次按辈分高低依次向下排列。

陶香炉

家堂的下部分，是以大户人家的房屋建筑为背景：正中是高大的门楼，大门两侧有一对中国传统的大石狮子，造型高大英武。飞檐屋宇之上，饰有中国传统的吉祥物，以及象征益寿延年的松柏、仙鹤与梅花鹿等。画面下部的底层，是热闹的吉庆图画，充满了新年的欢乐气氛。画中的人物分左右两组排列，左侧一组身穿明朝时代的服装；右侧一组身穿清代时的服装，大人们个个头戴官帽，谈笑风生，显得光鲜富贵；孩子们有的玩耍嬉戏，有的手拿花灯，有的燃放鞭炮，显得欢乐无比。

家堂虽然是年画中堂的一种，但它的悬挂方式与时间跟其他中堂画有着明显的区别。人们将悬挂家堂称为"请家堂"，这样称呼是为了表示对逝者的尊重与恭敬。请家堂的时间，多在大年三十这天的中午之前。当然，由于各地的风俗不尽相同，在请家堂的时间上也存在着差异。如山东的一些农村地区，请家堂的时间多在早晨。

因为旧时人们比较迷信，认为这天悬挂家堂越早，日后家中越会出勤快之人；挂得晚，家中将生懒惰之辈。农家人过节图吉利，

虎形蜡台

所以每当此日到来，家家户户都会早早吃饭，然后将自家的家堂"请出"，恭恭敬敬地悬挂在堂屋正北的墙壁上。

然后，再在桌子上摆上供品，鸡、鱼、肉、豆腐、青菜以及各种水果点心。酒杯、香炉、烛台、筷子是必不可少的。焚香烧纸，放一挂鞭炮，主事人念叨一番，然后家人依次磕头，请家堂的仪式也就结束了。

供桌上最惹眼的，还是那一对红红的大蜡烛。旧时，制蜡烛用的多是羊油，压根儿没有石蜡的那种怪味儿。蜡根儿处，卖蜡人有意不将红色染到底，露出乳白色的脂油。

鲜红的蜡体上印着金色的图案和吉祥语，给人一种既美观又喜庆的感觉。等到除夕之夜，将那两支大红蜡烛点燃，家堂上的图画在忽闪忽闪的烛光和缭绕弥漫的烟雾中，显得虚幻而神秘。

过去，在一些富裕而讲究的家庭，还会在供品上插上供花作为点缀，以此增加节日的喜庆气氛。供花，以北京最为讲究。因为北京的用主，大都是世家门第，所以特别精致。

清代纸质平面供花

供花以做工的粗细程度可分为3种：一种是绸缎质地的供花，一切全用各色绸缎做成；另一种是用纸质轧凸花的供花；还有一种是纸质平面的供花，是用纸雕成各类图案，染上颜色，再经涂抹桐油即成。无论哪一种供花，背后都粘安铁丝，以便插在供品上。

供花上所做的图案，大都取吉祥之意。如"八仙""福禄寿财禧""天官赐福""连升三级"，以及石榴、牡丹、荷花、鱼、鹤、鹿等各种吉祥花卉鸟兽等。

悬挂的家堂，要等到正月初二"送年"仪式结束之后，才能

"请"下来，等到来年再一次悬挂。悬挂好家堂之后，家中的主妇们愈加忙碌了。她们开始忙碌着包年夜饺子，以及准备年夜饭。

民国时期绸质"八仙"人物供花

◎接灶，一个神秘而庄重的仪式

农历腊月二十三，灶王爷上天汇报完一年的工作情况，仍要返回人间。这就需要举行一个"接灶"的仪式。接灶，又称"迎神""接神"等。因为在除夕之夜，灶王爷会偕同其他神仙一起从天而降，并为诸神做向导，给千家万户带来吉或凶、福或祸。

送年之后，诸神都返回天上，只有灶君还留驻人间，居于小小的灶头之上，继续司察人间的善恶。

民间"接灶"的仪式，一般是在年三十这天的夜幕初垂之时举行。此时，人们将新的灶神像安置于厨房的神龛上，并敬以酒果点心。院子正中，则提前搭起简易的小棚谓之"天地棚"。里面设有神龛，是其他神仙的落座之处。

接灶，又称"迎神"，是大年之前最后一个重要的仪式

祭灶，很有点像为远方而来的客人或外地归来的亲人接风。让旅途劳顿的灶神或其他神仙享用供品，还要焚香礼拜，以示恭敬。

祭灶，是大年之前最后的一个仪式，自然带上了更多

旧时，在接灶的时候，很多地区有撒芝麻秸的习俗。因此，年节前会有许多小贩走街串巷叫卖芝麻秸

神秘的色彩。在接灶之前，要把家里的浑水、纸屑、炉灰、菜叶等生活垃圾全部倾倒出去，意即"丢晦物"。然后，烧纸焚香，并点燃桌子上的那一对大红烛，彻夜不息。

燃放鞭炮之后，意味着灶神已经回家。之后，由一家之主顺手将事先准备的一根木棍横放在大门内侧，而房门的木棍则放在外侧。这些木棍被称为"拦门棍"。

摆放"拦门棍"的习俗，大概也是受桃木信仰的影响。民间认为桃木能够驱鬼辟邪，但每户不可能都有桃木，便改用其他木棍替代了。摆放"拦门棍"能够将恶鬼瘟神挡在门外。直到送年之后，才能将它们拿开。

有的人家还将谷秸和芝麻秸，撒在院子和房间的地面上。撒置谷秸，意为诸神和祖先喂马。而那些芝麻秸被踩在脚底下，会"噼啪"作响，称为"踩岁"，亦叫"踩祟"。民间传说，在除夕之夜，小孩踩过"岁"之后，一年不会生病，而且长个儿快。"踩岁"的习俗，其实也是人们的一种辟邪除灾、迎祥纳福的美好愿望。

接灶之后，人们说话也有了更多的忌讳，一些不吉利的口头语是绝不能随便出口的。家里的浑水、炉灰等脏物，也不能轻易倒到外面去。

因为按照民间的说法，接灶之后，那些脏物也已经变成"钱财"。因此，必须将它们积攒起来，等到正月初二送年的仪式结束之后，才可以将它们一起倒掉。

而孩子们总是无忧无虑的。在除

过年时，供奉在庭院里的"天地三界十方万灵真宰"神祃

夕之夜，即使再胆小的孩子，也会变得胆大起来。它们不再惧怕外面的黑暗，衣兜里揣着长辈为他们买的鞭炮和烟花，到外面去尽情地燃放。

这时候，也是家庭主妇们最忙碌的时刻。虽然有些菜肴在几天前都已经做好了，但是年夜饭总是需要在年三十当天掌厨做出来。在我国的北方，大年初一的饺子也要在三十晚上包出来。主妇们为准备年夜饭不停地忙碌着，而在她们的脸上却溢满了浓浓的喜悦和渴望。

◎合家欢聚的"年夜饭"

年夜饭是全家团圆的一顿饭，故又称"合家欢"

春节是一个欢乐祥和的节日，也是亲人团聚的日子。除夕之夜，离家在外的游子们无论离家多远，无论工作多忙，人们都渴望能够回到家中，吃一顿团团圆圆的年夜饭。

年夜饭做好之后，先要供奉祖先，让其"领气"，然后全家人一起会餐。这顿饭，具有祝贺丰收和团圆的意思，也有驱疫健身的愿望。民谣说："吃了年饭旺，百鬼不敢撞。"

全家人团聚在一起，一年的辛苦都会因这顿年夜饭而得到补偿，一年的企盼都会因为这顿年夜饭而得以实现。团团圆圆、热热闹闹正是中国人的一大心愿。

我国民间吃年夜饭的习俗由来已久，根据南朝梁人宗懔撰写的《荆楚岁时记》记载，至少在南北朝时期，民间已经有了吃年夜饭的习俗。清代文人顾禄在其所著的《清嘉录》中写道："除夕夜，家庭举宴，长幼咸集，多作吉利语，名曰'年夜饭'，俗呼'合家欢'。"

在古代，有些监狱的官员，甚至会放囚犯回家与家人吃一顿"年夜饭"。由此可见，"年夜饭"在中国人的心目中是何等重要。

人们尽情品尝各种美味佳肴，各种好吃的都留在这一时刻享用。

准备年夜饭，最忙碌的就是那些家庭主妇们

桌上有大菜、冷盘、热炒、点心，更少不了鲜菜和鱼。"鱼"与"余"谐音，"年年有鱼"则寓意"年年有余"。还有萝卜，俗称"菜头"，祝愿有好彩头。

除夕之夜，即使不会喝酒的人，也多少会喝一点。古代，过年喝酒，非常注重酒的品质，有些酒现在已经失传了，只留下了许多动人的酒名，如"宜春酒""梅花酒""桃花酒""兰尾酒""屠苏酒"等等。流传最久、最普遍的，还是屠苏酒。

那么，古代的"屠苏"是何物，屠苏酒又是如何制作的呢？

"屠苏"本是一种阔叶草，又名"屠酥""酴酥"等。但是，屠苏酒并不是以屠苏作为原料酿制的。据《荆楚岁时记》记载，屠苏酒是由大黄、白术、桔梗、蜀椒、乌头等配制而成的。因而，所谓的屠苏酒，其实就是一种药酒。

据说，屠苏酒是唐代的孙思邈首创的。每年腊月，他照例要分送给亲友邻居一包药，告诉大家以药泡酒，除夕进饮，可预防瘟疫。

古时候喝屠苏酒，方法也颇为别致。一般说来，人们吃东西时，都要先敬老人。但是，饮屠苏酒恰恰相反，谁的年龄小谁先饮。古人说："少者得岁，故贺之；老者失岁，故罚之。"

意思是说，春节到了，少年增岁，值得庆贺，必须先饮；老年添岁，增加衰老，必须慢饮。屠苏酒饮罢，笑语风生，人人脸上泛着红光。到这个时候，旧夜除去了，新岁将临。

由于风俗习惯的差异，我国南北各地年夜饭的主食也是各有特

年夜饭少不了鱼，取"吉庆有余""年年有余"之吉祥寓意

色。不仅有饺子、馄饨，而且还有年糕、长寿面等。

新年吃馄饨，取其开初之意。传说盘古开天辟地，使"气之清上浮者为天，气之重浊下凝者为地"，结束了混沌状态，才有了宇宙四方。再则取"馄饨"与"浑囤"的谐音，寓意粮食满囤。新年吃长寿面，预祝寿长百年。

很多地方在吃年夜饭的时候，还要搭配一些副食品，借此讨个口彩。譬如吃枣（春来早）、吃柿饼（事如意）、吃豆腐（全家福）、吃长生果（长生不老）、吃杏仁（幸福来）……

年糕，则是南方年夜饭必不可少的食品

我国南方人家在年夜饭上则必吃年糕，"年糕"谐音"年高"。南北各地的年糕，一般都是用糯米粉和黄米粉制成，所以有黄、白年糕之别。

黄色的年糕象征着黄金，白色的年糕象征着白银。吃年糕，寓意着大吉大利，来年生活更加甜美，生产、生活"年年（黏黏）高（糕）"。我国民间的年糕种类繁多，江南的年糕更为丰富多彩：有桂花糖年糕、猪油年糕、果料五仁年糕、水磨年糕和民间流传的砖块年糕等等。

中国人春节吃年糕，历史悠久。早在公元6世纪前的古食谱《食次》中，就有年糕及其制作方法的记载。

在我国的北方人家，年夜饭必吃饺子。因为在过去，按照天干地支计时，半夜一过亥时就交子时。除夕子时是新年的最初时刻，据说这时候吃饺子，跟表示"开业大吉""万事如意"的意思一样。吃了饺子，一年到头都会有口福。在民间还有一种说法，认为饺子形似古时候的元宝，在一年开始的时刻，肚子里就盛满"元宝"，取个一年财源茂盛之意。

关于饺子的来历，史料记载和民间传说颇多。据考证，饺子是由南北朝至唐朝时期的"偃月形馄饨"和南宋时期的"燥肉双下角子"发展而来的，距今已经有1400多年的历史。在我国民间还流传着这样一个故事：

相传，汉代名医张仲景曾在长沙任太守。他不仅医术高明，而且医德高尚，经常舍药救人，深得长沙百姓的爱戴。年迈之后，张仲景告老还乡，回到河南南阳的老家。

当时，正值冬季，又恰逢大雪纷飞，寒风刺骨。他走到家乡的白河岸边，看见很多穷苦百姓面黄肌瘦，饥寒交迫，有不少人的耳朵被冻烂了。他心里非常难过，决心救治这些可怜的百姓。

张仲景回到家里，慕名前来求医的人特别多，忙得不可开交。但他心里总记挂着那些冻烂耳朵的穷苦百姓。但由于病人太多，治也治不过来。于是，他就仿照在长沙时的办法，叫弟子们在南阳东关的一块空地上搭起棚子，架起大锅，在冬至那天开张，向穷人舍药治病。

舍的药叫"祛寒娇耳汤"，他用羊肉、辣椒和一些祛寒温热的药材放在锅里煮熬。等熬好之后，把羊肉和药物捞出来切碎，再用面皮包成耳朵样的"娇耳"下锅煮熟，然后分给病人吃。从冬至这一天起，一直治到年三十，人们的耳朵都被张仲景医治好了。

从此之后，乡里人与后人就模仿制作，称之为"饺耳"或"饺子"，也有一些地方称"扁食"或"烫面饺"。

饺子在其漫长的发展过程中，名目繁多，如唐代称为"汤中牢丸"；元代称为"时罗角儿"；明末称为"粉角"；清朝则称为"扁食"等。

当午夜交正子时，新年的钟声敲响。这时候，屋内是通明的灯火，庭前是灿烂的火花；整个中华大地上空，爆竹声震响天宇，把除夕的热闹气氛推向了最高潮。

全家老少动手包饺子，是一道温暖的风景

·人们将热气腾腾的饺子敬过天地、灶君和祖先之后，便把它端上饭桌。大年初一吃饺子，是一件非常兴奋和迫切的事情。因为事

先，主妇们已经在饺子馅里包上了钱币、糖、大枣、花生等物品。吃到红枣，意味着新一年能够起早干活，勤劳致富；吃到了糖，意味着一年生活会甜甜蜜蜜；吃到了花生，预示长寿（花生又名"长生果"）；吃到了钱币，预示着发大财等。

如果孩子们吃到了钱币，长辈们就会非常高兴，并夸赞他们长大后会有出息。因此，有的孩子为了能够多吃到钱币，即使打着饱嗝儿，仍然用筷子夹着饺子，仰着脖儿往下咽。那一副滑稽的模样儿，令大人们忍俊不禁。

无论古今，年夜饭都是中华孝道精神的一种集中体现，饱含着浓浓的亲情与爱意

此时此刻，全家人团圆坐在一起，吃着热气腾腾的饺子，不管谁吃到代表什么吉祥的东西，大家都快乐地祝贺一番。一顿年夜饺子，令整个年节都变得幸福和快乐起来，难怪这一习俗久传不衰。

◎除夕守岁，迎福纳祥

除夕守岁，就是在旧年的最后一天夜里不睡觉，以迎接新一年的到来。这一习俗称为"守岁"，俗称"熬年"。

因为这一天是"一夜连双岁，五更分二年"。民间有这样一种说法，认为在除夕之夜，熬得时间越长，活得时间也越长，小孩也会越聪明。

或许是为了使人们在除夕之夜增加战胜疲倦和睡意的信心，不知何年何月还编出了这样一个传说：在除夕之夜，只要有恒心，

守岁的目的，是为了获得福运

一定会等到老天爷的闺女打开南天门向人间赐福的时候，如果早睡就没有福了。因而，有些地方也将守岁称为"守天门"。

守岁从吃年夜饭开始，这顿年夜饭要慢慢地吃，从掌灯时分入席，有的人家一直吃到午夜。屋内炉火正旺，酒菜飘香。全家团聚在一起，老幼俱欢，趁此享受天伦之乐。通宵守夜，象征把一切凶邪瘟疫照跑驱走，期待着新的一年吉祥如意。

我国民间守岁的习俗源于何时呢？据文献史料记载，守岁的习俗最迟在晋代就已经出现了。西晋周处撰写的《风土志》记载：除夕之夜，各相与赠送，称为"馈岁"；酒食相邀，称为"别岁"；长幼聚饮，祝颂完备，称为"分岁"；大家终夜不眠，以待天明，称为"守岁"。

到了唐代，除夕守岁的风俗已经非常盛行。在唐诗中，对守岁的习俗有许多描写。如白居易在《居中守岁》一诗中写道："守岁尊无酒，思乡泪满巾。"孟浩然有"续明催画烛，守岁接长筵"的诗句。

现代人守岁，有丰富的电视节目相伴。从感觉上来说，除夕夜是否会变短很多呢？

古代的守岁是热闹的。唐代长安城里的富贵人家，在庭堂房间里点着明亮的蜡烛，男女老少团聚在一起，谈笑风生，互相传送着美酒。"守岁高堂列明烛，美酒一杯声一曲"，就是描写这种生活情景的。

在南宋文人周密撰写的《武林旧事》中，有关于"守岁"的详细描述：除夕之时，人们以酒果和五色纸钱，将各路神灵迎进家门。家家户户点燃了红烛，温馨喜庆的烛光映红了夜色。鞭炮声此起彼伏，彻夜不停。小孩们则玩着各种游戏，通宵不睡。

到了明、清时期，守岁之风更盛。清代文人顾禄在《清嘉录》中写道："家人围炉团座，小儿嬉戏，通夕不眠，谓之守岁。"

旧时，人们在除夕守岁时，民间还有观"守岁烛"的习俗。守岁烛，即供桌上那两支大红蜡烛。

守岁烛上讲究生花报喜，即燃烧中烛头呈虎刺梅状，叫"元宝"。红烛生"元宝"，则表示来年全家吉利。

守岁的习俗，既有对逝去岁月的惜别留恋之情，又有对来临新年寄以美好希望之意。待东方晨光微露之时，新的一年又开始

古人守岁时，还有观"守岁烛"的习俗

了。男女老少均换上节日的盛装，先给家族中的长者拜年，然后走亲串友，相互道贺祝福。此时的神州大地，处处闪光溢彩。从初一到十五，人们一直沉浸在欢乐、祥和的节日气氛里。

◎拜年与"压岁钱"

拜年，是春节里一项重要的活动。大年初一，大人小孩都换上漂亮的衣服，将自己打扮得焕然一新，然后出门拜年。

在过去，我国民间许多地方，拜年的活动是从吃完年夜饺子之后开始的。天未明，先行拜年之事。先在家里给自己的老人拜年，小辈向长辈跪下磕头，说几句祝福的话。长辈也高兴地回赠勉励、祝福的话语，然后给"压岁钱"。

拜年的顺序，是按照本宗本族辈分的高低往下拜。一般说，五服之内需面拜，亲友则可让子女代贺。同族则在正月初一早上。若是给辈分较高、德高望重者拜年，晚辈们要磕头。受拜者一般都会连声客气说："免了吧，免了吧。"然后，请拜年者落座，吃烟、喝茶、吃糖，吃花生、瓜子等干果。

走亲访友不一定在初一早上，也有晚上去的，谓之"拜夜年"。

旧时，农村的孩子先在家里给长辈拜年

初十以后拜的，谓之"拜灯节"，故民间有"有心拜节，寒食未迟"之说。

平时没有多大来往的，也就是在碰面的时候，互相道一声"过年好"，或者"恭喜发财"之类的吉祥话。街巷里拜年的行人络绎不绝，到处都是欢声笑语。

拜年的习俗，在我国历史上很早就已经出现了。宋代文人孟元老在《东京梦华录》中，就曾写过北宋汴京人过年时的情景："正月初一日年节，开封府放关捕三日，士庶自早互相庆贺。"

南宋文人吴自牧在《梦粱录》中记载："士大夫皆交相贺，细民男女亦皆鲜衣，往来拜节。"

据宋代文人周辉的《清波杂志》记载，当时的士大夫为了拜年时节省时间，那些关系不太密切的朋友就不用亲自前往，而是派仆人给对方送去一份"拜年帖"，这跟现在的"贺年片"有些相似。

当时的"拜年贴"，多是用梅花笺纸，裁成二寸宽、三寸长的纸片，写上自己的姓名及地址和一些恭贺新年的话，在正月初一这天送达。受贺者同样回赠"拜年贴"，就算拜年了。

从民国初期的纺织品商标画面上，可以看到时人拜年的情景

宋代文人周密在《癸辛杂识》中讲了这样一个故事：一位姓沈的公子，过年时派仆人四处投名片拜年，到了吴四丈家。吴四丈一看沈某送名片的人家，大半也是自己要送名片的故旧，便开了一个小小的玩笑——将沈公子的仆人用酒灌醉，暗中将封套里的名片换成了自己的。沈公子的仆人糊里糊涂地替吴四丈跑了半天腿，自己主人的贺年片却没有送到。

明代中期文人陆容在其撰写的《菽园杂记》里面，描写了当时北京做官的人也有这种虚礼："京师元旦后，上自朝官、下至庶人，往来交错道路者连日，谓之'拜年'。然士庶人拜其亲友，多出自实心，朝官往来，则多泛爱不专。如东西长安街，朝官居住最多，至此者不问识与不识，望门投刺，有不下马或不至其门，令人送名帖者；遇黠仆应门，则皆却而不纳。"

清朝过年时，官员间流行的团拜

文征明曾写过一首《拜年》诗，讥讽明代这种世风，诗曰："不求见面惟通谒，名纸朝来满敝庐；我亦随人投数纸，世情嫌简不嫌虚。"

到了清代，这种"应付差事"的拜年，在官场上比明代更加泛滥了。当时，有一首《燕台月令》如此写道："是月也，片子飞，空车走。"短短9个字，把清代官场年节名帖满天飞的拜年陋习刻画得淋漓尽致。

除了以帖子拜年的形式流行之外，清代的拜年又添了一种"团拜"的形式。清人艺兰主在《侧帽余谭》中记载，京城在新年岁首，例行团拜，以此加深联谊，增加感情。

当然，官场之间的拜年，无论以何种形式出现，都多了一些虚套和例行公事之意。拜年的习俗能够延续至今，还是因为它盛行于底层百姓之间，那才是它最为真实的一面。

对于孩子们来说，在拜年时最高兴的事儿，莫过于收到长辈的压岁钱。因此，在民间曾经流传着这样一段谐趣十足的童谣："三星在南，家家拜年；小辈儿的磕头，老辈儿的给钱。要钱没有，扭脸儿就走。"

那么，为什么过春节要送给孩子们压岁钱呢？

传说古代有一个叫"祟"的小妖，黑身白手。每年年三十夜里，他都会出

清代杨柳青年画上官宦人家大年初一拜年的情景

来，专门摸熟睡的小孩的脑门。小孩被摸过之后，就会发高烧说梦话，退烧后就变成痴呆疯癫的傻子了。人们怕"祟"来伤害孩子，整夜点灯不睡觉，就叫"守祟"。

后来，嘉兴府有一户姓管的人家，夫妻老年得子，非常宠爱。在年三十的晚上，为防止"祟"来侵扰，老夫妻俩一直逗弄孩子玩。小孩用红纸包了8枚铜钱，包了又拆，拆了又包。小孩在玩累之后，还是睡着了。但是在他睡觉之前时，他很随意地将用红纸包着的8枚铜钱放在枕边。半夜里，一阵阴风吹来，"祟"来了。"祟"正要用他的白手摸孩子的头时，突然孩子的枕边迸发出一道金光，"祟"惨叫着逃跑了。

这件事情传开之后，人们纷纷仿效，在大年夜里用红纸包上钱给孩子，"祟"就再也不敢前来侵扰了。因而，人们把这种钱叫"压祟钱"。"祟"与"岁"发音相同，日久天长，就被称为"压岁钱"了。

当然，这只是人们赋予"压岁钱"神秘法力的一种传说。我国民间最早的压岁钱是出现在汉代，又叫"压胜钱"。

古代的"长命富贵"与"状元及第"压胜钱

最初的压岁钱并非真钱，而是形同钱币的一种饰物，或铜制或铁制；形状或圆形方孔，或铲形。上面或铸"吉祥如意""福禄寿喜""长命百岁"等祝福语，或铸十二生肖图、八卦图等吉祥纹饰。

到了明、清时期，压岁钱已经变成真钱，大多数是用红绳串着。可在晚辈拜年时赏给，也可在除夕夜孩子睡着时，由家长悄悄地放在孩子的枕头底下。清人吴曼云在《压岁钱》诗中写道："百十钱穿彩线长，分来再枕自收藏；商量爆竹谈箫价，天得娇儿一夜忙。"

由此可见，压岁钱是孩子们新年最快乐的收获。他们用压岁钱去购买鞭炮、玩具、糖果等自己平日喜欢的东西，给纯洁的童年留下难忘的记忆。

民国以后，给孩子的压岁钱已演变为用红纸包100文铜元，其寓意为"长命百岁"；给已经成年的晚辈压岁钱，则是用红纸包一枚大洋，象征着"财源茂盛""一本万利"。

对于那些天真的孩子们来说，拜年获得红包是一件非常兴奋的事情

货币改为钞票之后，长辈们喜欢以号码相连的新钞票赐给孩子们，因为"联"与"连"谐音，预示着后代"连连高升""连连发财"。这一习俗沿袭至今。

压岁钱的风俗，代表着一种长辈对晚辈的美好祝福。它是长辈送给孩子们的护身符，保佑孩子们在新的一年里健康吉利。

中国传统记忆丛书

圖説
老節俗

◎春节的袅袅余音

正月初二这天，在我国北方大多数地区，有祭财神的习俗。这天，不管是商铺还是普通的百姓家庭，大都要举行祭财神的仪式。

各家把除夕夜接来的财神祭祀一番，实际上就是把买来的神像印刷品焚化掉。这天中午要吃馄饨，俗称"元宝汤"。有些地方吃饺子。有的地方还要杀公鸡祭财神，仪式非常隆重。

旧时，老北京的大商号，在这一天都要争先恐后赶往广宁门外的五显庙争烧第一炷香。同时，还要大举祭祀活动。祭品要用"五大供"，即整猪、整羊、整鸡、整鸭、红色活鲤鱼等，祈望在新的一年里发大财。

新正初二敬财神

从初二这一天起，人们也开始忙着宴请亲友或走亲戚门了。走亲戚门的次序，一般也是根据亲戚关系的远近以及本地的风俗习惯来安排的。如山东一些地区，初二这天，是晚辈去探望姑或舅的日子。因为姑、舅，是父母双方最受敬奉的人。

另外，在初二或初三，出嫁的女儿要回娘家探亲，夫婿亦要同行，所以俗称"迎婿日"。由于各地风俗习惯的差异，"迎婿日"也存在差别，南方大部分地区定在初二，而北方大多数地区定在初三。无论初二还是初三，其目的都是相同的，就是为了表达对父母的孝心，以及加深亲戚间的感情。因此，民间才会有"初二初三看丈母，初四初五再看姑"的说法。

女儿回娘家，要准备一些茶点、酒肉、糖果之类的礼物，分给娘家的长辈、兄嫂及近邻。若家中有侄儿，当姑的必须再掏腰包给压岁钱。

过去，"迎婿日"这天，在娘家吃过中午饭之后，女儿必须在晚饭前赶回婆家。在初二这天，不仅仅是回娘家探亲的女儿不能留宿，其他的亲戚门若没有特殊的情况也是不能在亲戚家留宿的。因为在天黑之前，还有一个重要的仪式要举行，那就是"送年"。

所谓"送年"，其实就是在神灵和祖先的牌位前上香、供奉饺子、烧纸。若是临时性的牌位要在烧纸时一并焚烧，若是永久性的牌位要在当时收起来。然后，手捧香火，到大街上烧纸磕头，燃放鞭炮，请神灵和祖先升天。

过去，在送年之前，民间还有许多禁忌，如不能用生米做饭、妇女不能动针、不能倒垃圾、不能打碎东西等。

"送年"的仪式完毕之后，过年的诸多禁忌都一并消除了。人们开始将从"接灶"之后积攒的浑水、炉灰、瓜果皮等垃圾脏物，从室内清扫出去。不过，有些地区是将这些禁忌持续到正月初五。

正月初五"送穷"

正月初五，民间习惯称为"破五"。这一天主要的习俗是"送穷"和"迎财神"。

送穷，是我国古代民间流传十分广泛的一种岁时风俗。其意就是祭送"穷神"。相传，"穷神"是颛顼之子。他身材羸弱矮小，喜欢穿破衣烂衫，喝稀饭。即使将新衣送给他，他也会扯破或用火烧出洞来以后才穿，因此宫中号为"穷子"。

民间举行送穷仪式时，用来"崩穷"的二踢脚

送穷之俗，在唐代时已经相当盛行。唐代诗人姚合曾写过一首《送穷》诗："年年到此日，沥酒拜街中；万户千门看，无人不送穷。"从诗中最后两句可以窥见，送穷的风俗在当时已经相当普遍了。

人们在初五的黎明即起床，燃放鞭炮，打扫卫生。因为无论在谁的心目中，都想尽早把"穷神"送走。鞭炮是从院子的里头往外放，一边放一边往门外走。这样，就能将一切不吉利的东西、一切妖魔邪祟赶跑，而且越远越好。人们尤其喜欢燃放"二踢脚"（两响），俗称"崩穷"，把"晦气""穷气"从家中崩走。

民间供奉的文财神

送穷的习俗，至今仍在我国民间的许多地区流行。这一习俗，其实是反映了我国人民普遍希望辞旧迎新、送走旧日贫穷困苦、希望在新的一年里能过上美好生活的心愿。

在我国南方的一些地区，正月初五则是"迎财神"的日子。各家店铺开市，一大早就金锣、爆竹响个不停，并供奉牲醴，以迎接财神的到来。

在民俗诸神当中，财神的知名度相当高。因此，民间流传着众多与财神有关的传说。我国民间信仰的财神主要可分为两大类：一类是文财神，另一类则是武财神。

文财神，为文官打扮，头戴宰相官帽，手执如意金钩，身穿蟒袍，面目严肃，五绺长髯，飘洒胸前。据传，他的真实身份是比干。

比干是商纣王的叔父，为人忠诚耿直。因为劝谏荒淫无道的商纣王，被挖去心。民间传说，他虽然没有了心，但因为吃了姜子牙的灵丹妙药，并没有死去。因为没有了心，也就没有偏向，办事公道，所以深受人们的爱戴和称赞，并被后世供奉为财神。

另一位文财神，是春秋时期楚国的大臣范蠡。他足智多谋，帮助越王打败了吴王夫差成就霸业之后，辞官不做，隐姓埋名来到齐国。在齐国，他经营农业和商业，发了大财。因为他是在功名利禄场中经受过风吹雨打的，把金钱看得很淡泊，所以他三次发财，三次都把所得钱财分散给了穷人和亲戚朋友。范蠡能发家致富，又能散财于民，在人们的心目中有很高的地位，因此被封为文财神。

在我国民间，武财神多指赵公明，即"赵公元帅"。他面似锅底，金须，头戴银冠，手执铁鞭，胯下骑虎。

相传，赵公明乃终南山人氏，自秦时避世山中，虔诚修道。汉代张道陵张天师入鹤鸣山精修时，收他为徒，并让他骑在黑虎背上，守护丹炉。

张天师炼丹成功之后，分仙丹给赵公明，并让他吞下仙丹。于是，赵公明成仙，且变化无穷。张天师又命他守护玄坛，所谓玄坛，就是道教的斋坛。因此，赵公明被天帝封为"正一玄坛赵元帅"。

他的手下有"招财""纳珍""招宝"和"利市"四位正神。他们专司"迎祥纳福"之事。

另一位武财神，是关圣帝君，即关公。传说关公管过马站，精于统算，

清代绵竹年画里的武财神赵公明形象

而且讲信用、重义气，故为商家所崇祀。因此，关公也被视为招财进宝的财神爷。

除了文武财神，我国民间还有"五显财神""增福财神"等说法。"五显财神"的信仰，主要流行于我国江西德兴一带。"五显财神"是兄弟五人的总称，因封号首字皆为"显"，故名。他们生前劫富济贫，死后仍惩恶扬善，保佑穷苦百姓。北京安定门外就有五显财神庙。

"增福财神"，又称"财帛星君"，他的画像经常与"福、禄、寿"三星和喜神列在一起。财帛星君脸白发长，手捧一个宝盆，"招财进宝"这4个字即由此而来。一般人家，春节必悬挂此图于正庭，祈求财运、福运。

山东高密扑灰年画里的关公形象

增福财神

正月初六为开市日，在这一天，一切店铺的营业回归正常。在开门之前，家家户户都要燃放鞭炮。响彻云霄的鞭炮声，不绝于耳，好像在告诉人们一个吉祥的年头又开始了。

正月初七为"人日节"。因为古人认为，上天创造万物的次序是"一鸡二狗、三猪四羊、五牛六马、七人八谷"，所以初七是"人日"。

古代，在人日这天有戴"人胜"的习俗。人胜是一种头饰，又称"华胜""彩胜"等，是采用彩纸、丝帛等材料制作而成的饰品，戴于头上，也贴在屏风等处。不过，这一习俗早已失传了。

吉庆有余，是一个美好而又淳朴的愿望

在我国南方一些地区，至今还流传着吃"七宝羹"的习俗。所谓"七宝羹"，就是人们采用七种新鲜的节令蔬菜加米粉做成的羹。民间认为，吃七宝羹可以除去邪气、医治百病。各地物产不同，所用的果蔬也各不相同，取意也有差别。广东潮汕地区用芥菜、芥蓝、韭菜、春菜、芹菜、蒜、厚瓣菜；台湾、福建用菠菜、芹菜、葱蒜、韭菜、芥菜、荠菜、白菜等。其中，芹菜和葱兆聪明，蒜兆精于算计，芥菜令人长寿，如此种种。

正月初八是"谷日节"，也有的地方称"庄稼生日"。这个节日的习俗不多，主要是占谷和顺星。民间认为，这一天的天气若晴朗，则这一年的庄稼丰收；若天阴，则歉收。北方的一些地区，也有在初八早晨煮面条祭天地的简单仪式。

自此，浓厚的年味，在民间渐渐地淡了下来。不过，也有的人家一直要闹过正月十五，才算正式过完年。

新春佳节，人们都沉浸在欢乐的海洋里，处处都充满了温馨、祥和、热闹的景象。但是，春节也像别的日子一样，总会从我们的身边走过。好在，春节永远都是一个美丽的轮回。伴随着人们忙碌的脚步和热切的渴望，春节的倩影，再一次悄悄地朝我们走近！

第二章：火树银花，庆赏元宵

◎元宵节的由来

春节刚过，人们余兴尚浓，神州大地上仍处处洋溢着过年时的欢快气氛。此时，又一个吉祥喜庆的节日走来了，那就是元宵节。

元宵夜，是春节之后最热闹的一个宵夜。这天晚上，皓月高照，人们团聚一堂，吃完热腾腾、香甜可口的元宵，陆续走出家门，参加赏花灯、放烟火、猜灯谜等游艺活动，现场热闹无比。

清代天津杨柳青年画《庆赏元宵》

元宵节，在我国民俗文化中有着十分悠久的历史。古人曾把一年中的正月十五称为"上元节"，七月十五称为"中元节"，十月十五称为"下元节"。人们特别重视"一年明月打头圆"的第一个夜晚，并称为"元夜"。夜在古语里就是"宵"，所以元夜也叫"元宵"。在这个节日里，中国民间历代都有赏灯的习俗，因此元宵节在民间又称为"灯节"。

元宵节是灯火节，从史料记载来看，大约在两千多年前的西汉年间，就已经有了用盛大的灯火祭神的习俗。

汉武帝时期，每逢正月便在宫中张灯一夜，以此祭祀"太乙神"。据说太乙神的权力很多，能主使十六条龙，能够左右风雨、干旱、饥馑和疾疫。皇帝为了在新的一年里风调雨顺，国泰民安，便举行隆重的祭祀仪式，设香蜡宝烛向太乙神祈祷。在祭祀的时候，灯火辉煌，规模宏大，自昏到明，热闹异常。

56

到了东汉明帝永平十年（67年），蔡愔从印度求得佛法回来。明帝为了提倡佛教，就于正月十五日前后的晚上，在宫廷和寺院搞起"燃灯礼佛"的活动，命令不论士族庶民，一律挂灯，以表示对佛的尊敬和虔诚。

从此，正月十五张灯，既是佛教礼仪，又是民间习俗。据说，这就是元宵节的开始。

太乙诸神五方五帝神像

欢天喜地闹元宵

不过，关于元宵节的起源，在我国民间一直流传着这样一个传说：

传说，汉高祖刘邦死后，吕后之子刘盈登基，是为汉惠帝。汉惠帝生性怯懦，优柔寡断。因此，朝政大权落到吕后手中。汉惠帝病死之后，吕后独揽朝政大权，把刘氏天下变成了吕氏天下。朝中老臣、刘氏宗室深感愤慨，但是都惧怕吕后的残暴，敢怒而不敢言。

吕后病死之后，诸吕惶惶不安，唯恐遭到伤害和排挤。于是，上将军吕禄在家中秘密集合，共谋篡权之事，以便彻底夺取刘氏江山。

此事传到齐王刘襄耳中，他为了保住刘氏江山，决定起兵讨伐诸吕。随后，他与开国老臣周勃、陈平取得了联系，并设计在正月十五这一天铲除了吕禄。在平定"诸吕之乱"之后，众臣拥立刘邦的次子刘恒登基，称汉文帝。

汉文帝深感太平盛世来之不易，便把平定"诸吕之乱"的正月十五，法定为与民同乐之日。京城里家家户户张灯结彩，以示庆贺。

从此，正月十五便成为了一个普天同庆的民间节日——"元宵节"。

◎灯火璀璨赏花灯

元宵节，也称为"灯节"，可见灯是这天最大的特色了。故而民间才会有"正月十五闹花灯"之说。人们爱灯，喜欢灯，它是驱逐黑暗的勇士，给人们带来光明。

因此，大凡是年节或吉祥喜庆的日子，都要悬灯结彩以示庆贺。关于元宵节之夜张灯的习俗，在我国民间很多地区都流传着这样一个传说：

在很久以前，天上有一只神鹅降落到人间。不巧，被一个猎人一箭射死了，惹得玉皇大帝大发雷霆。玉皇为了替神鹅报仇，下旨在正月十五这天派天兵天将来人间放火，把人间的牲畜、房舍全部烧光。

天宫中有一个善良的仙女，她十分同情凡间的百姓，便冒险下到凡间把这个不幸的消息告诉了人们，让人们想办法躲避。

人们聚在一起商量，你想一个办法，我出一个主意，最终想出一个办法来。就是在正月十五前后三天，家家户户门前挂红灯，同时放烟花爆竹，做出人间已经

麒麟灯

起火的样子，希望以此能骗过玉帝。

这一日，天兵准备下凡放火，一打开天门，就看到凡间到处都是熊熊的"火光"。他们以为人间已经着火烧起来了，连声叫好，并禀报玉帝不用再下凡放火了，玉帝准奏。这一举措，保住了人间生命财产的安全。

人们为了纪念这次斗争的胜利，以后每年正月十五前后三天晚上，都要张灯结彩，燃放烟花鞭炮，一直延续到今天。

旧时，从正月十三日"上灯"日开始，市面上就挂出了各式花灯，供人们购买。到了十四日"试灯"，各处也纷纷搭起牌楼、鳌山、灯棚，或燃放烟花，预庆元宵。到了十五日开始算"正灯"，也就是灯节的正日。不但各处有灯会，比赛花灯，小孩们也纷纷提着灯笼，四处游行玩耍。这种热闹欢欣的情景，一直要持续到正月十六，甚至是正月十八才"落灯"。

千百年来，赏花灯一直都是元宵节的一个非常重要的习俗

花灯制作具体起源于何时，现今已无法考证。不过，在周朝时，朝中已经设有专门管灯的官员——司烜。

相传在战国时期，鲁班在营造宫殿的同时，就曾制作过花灯。由此可见，花灯的历史至少应该有2000多年了。

秦、汉时期，元宵节的灯彩，大都较少装饰，且以静态的单个花灯为主。到了隋朝时，灯彩艺术有了巨大的发展。隋炀帝是一个极其讲究享乐的皇帝，每年元宵节总要举行盛大的灯彩晚会，以招待来京祝贺的各国使节。

有一年的元宵节灯彩晚会上，仅表演者就达3万人，奏乐者1.8万人，观灯游玩者更是不计其数。从傍晚到天明，人们尽情游玩，

金龙灯

热闹非凡。为此，隋炀帝还亲自作过一首诗，其中有这样两句："灯树千光照，花焰七枝开。"

到了唐代，由于政治稳定，经济发展，统治者更加重视元宵节赏灯，并且把燃灯时间作为制度固定下来。上到王公大臣，下至庶民百姓，无不出门夜游，观赏那争奇斗艳的花灯，以致"灯明如昼""车马塞路"。

唐睿宗景云二年（711年），在长安城的安福门外，立起20多丈高的灯轮，以彩绸装饰，上结灯彩5万盏，下有数百名少女载歌载舞，万众围观，其盛况可想而知。

唐玄宗时期，有一年的元宵节，他命人在长安城的广场上制作了一座巨型的"灯楼"。它高150尺，多达20间。当灯火点燃之后，金光璀璨，在数十里之外都能看得见。

从宋太祖干德五年（967年）起，元宵节张灯、观灯的时间，增加为5天。此后，历代的帝王们均借观灯的机会，标榜"与民同乐"，并在元宵节之夜登御楼与近臣饮宴。

因为张灯的时间延长，商贾们无不绞尽脑汁推出新型的花灯。因此，宋代的灯彩制作，比唐代更胜一筹。心灵手巧的艺人们，别出心裁地将皮革、丝绸、兽角、翎毛、琉璃、玉石等材料，巧妙地运用到灯彩制作中，从而制作出各式各样美丽的花灯。

当时，人物灯有"嫦娥奔月"

连年有余大型座灯

"刘海戏蟾""西施采莲"等；花果灯有荷花、牡丹、柿子、藕、西瓜、南瓜等；百族灯有龙、凤、鹤、鹿、马、猴、鲤鱼、虾之类。更为奇巧者，则是鳌山、亭台楼阁、龙舟之造型；还有的扎灯塔、灯山、灯球、灯牌坊等。此外，在闹市的相望之处，还常系一彩索，悬灯于下，名叫"过街灯"。

莲花灯

为了鼓励人民到御街观灯，朝廷还规定：凡来观灯者赐酒一杯。于是，便出现了"游人集御街两廊下，歌舞百戏，乐声嘈杂十余里"的盛况。

在唐、宋时期，闺中女子一向禁止外游。可是在元宵节前后，开戒驰禁，这就给有情的恋人们提供了相会的良机。她们迫不及待地结伴外出观灯，怀揣着一个心愿，就是能够与心仪的人儿相约幽会。

到了明代，灯节活动更为发展。明太祖朱元璋在金陵（南京）即位后，为了使京城繁华热闹，又规定正月初八上灯，十七落灯，连张十夜，是我国最长的灯节。后来，明成祖朱棣迁都北京之后，仍沿袭此俗，张灯十夜。灯市口大街，白天列市，入晚张灯，常常是黄灯烟火照耀通宵，鼓乐杂耍喧闹达旦。

旧时，每当临近元宵节时，街市上就会有一些售卖花灯的商贩。此类花灯，多为孩子们的节令玩具

清代的灯节，也盛极一时。在紫禁城内，每年元宵节都要架设"鳌山灯"。负责此项工程的艺人们，总要预先在前一年的秋天就收养许多鸣虫。待张灯之后，便将它们投入灯罩里。人们一边赏灯，一边聆听着虫鸣，极富有诗意。而且满族人还从北方引进

中国传统记忆丛书

图说老节俗

时至今日,赏花灯仍是元宵节一个重要的习俗

冰灯,成为元宵节灯会的另一大特色。

清末民初,虽然时局动荡,战乱纷飞,但元宵节仍张灯三天。全国家家户户都在室内摆灯,门口挂灯,街头巷尾彩灯齐放。千姿百态的灯彩,在月下舞动着,为元宵节增添了更多的佳韵。

灯彩的地方特色十分浓郁,各地均有自己的代表产品,比如北京的宫灯、广东的走马灯、浙江的硖石灯、上海的龙灯、四川的自贡灯、哈尔滨的冰灯等,都是蜚声古今的著名产品。

今天,元宵节灯会仍在各地盛行。在现在的灯彩里面,都巧妙地设计上了电动与照明装置,使灯彩作品更加形象逼真,令人流连忘返。

◎妙趣横生猜灯谜

吉祥喜庆的花灯

元宵节赏灯，还有一项更加高雅的游戏——猜灯谜。所谓"灯谜"，就是将谜语贴在灯上，供游人猜度，猜对者扯下纸条领取赠物。这是我国古代谜语与灯节的巧妙结合。

因为谜语创作设想曲折，千变万化，一时不易被猜中，好像射虎那样困难，故而灯谜也有"灯虎"的别称。猜灯谜，也叫"射灯虎"。

灯谜的基础是谜语。谜者惑也，是一种迷惑人的语言。谜语最早的名字叫"庾辞"。所谓"庾辞"，就是隐语。隐语就是隐其语言的本来面目，而假借其他词语说出来。

我国早在春秋时期，由于群雄崛起，列国纷争。一些游说之士为了劝说君王，往往不把本意说出来，而是借用别的语言来暗示，使之得到启发。这种藏头隐语，就是谜语的雏形。

到了秦、汉时期，谜语日渐成熟起来。东汉蔡邕在曹娥碑上题了"黄绢、幼妇、外孙、齑臼"共8个字，这就是采用隐语的形式来赞美碑文。

有一次，曹操途经曹娥碑，并下马观看，对蔡邕所题写的8个字颇为不解。随从文士杨修解释道："黄绢，色丝也，于字为'绝'；妇幼，少女也，于字为'妙'；外孙，女子也，于字为'好'；齑臼，用来捣辣菜的，是受辛之器也，于字为'辞（辤）'。"故蔡邕题字的谜底是"绝妙好辞"。

曹操自己也爱制谜。有一次，他令人修建了一座园林。工程进行到大半的时候，曹操到现场视察了一番。他看了之后，一句话也没有说，只是在园林的门上题了一个"活"字。别人都不知道是啥意思，聪明的杨修认为，"门"字里面写了"活"字，即是曹操嫌弃"阔"。监工的官员恍然大悟，赶忙将剩下的工程从简而行。

宋代，游乐场所"瓦舍"兴起，给灯谜的发展创造了较为优越的条

三国时期的曹操，对谜语也比较感兴趣，曾亲自制过谜

中国传统记忆丛书

圖説
老節俗

件。人们聚集在瓦舍里猜谜，将猜谜发展成了一种专门的技艺，涌现出一大批职业的猜谜家。仅《武林旧事》记载，就有胡六郎等13位之多。当时，还建立起了"猜谜社"，猜谜的花样越翻越多，有"正猜""下套""贴套""向因""横下""调爽"等。

南宋时期，都城临安每年元宵节放灯，一些好事之人把谜条系于花灯之上，供人猜射。这时候，文义谜语也就成了"灯谜"。这一游艺方式，首先是在官宦士大夫阶层中流行，后来渐渐普及到民间。每逢灯节，制谜猜谜者异常众多，内容也颇为生动活泼。

明、清以后，灯谜已经成为年节，特别是元宵节城乡不可缺少的文娱活动形式。在街头巷尾或公共场所，经常有猜灯谜的活动。

猜灯谜不比别的游戏，它一经猜破，如果再挂出来猜，就如同嚼蜡一样。因此，要求灯谜的创作者不断开拓路子，创作出更新更奇的作品。明代时，有位名叫马苍山的灯谜作者，首创了"广陵十八格"。谜格的出现，标志着灯谜已发展到了成熟的阶段。

谜语是一种非常考验人们智力的游戏，它与灯彩艺术结合之后，便成为灯谜。这是天津杨柳青年画作品《猜谜大会》

常见的谜格有"增减格""解铃格""皓首格""重门格"等。如增减格，就是把谜底的字增加或减少。如"有了儿子成为老子"打一食物名，谜底是"木耳"。因"木"下加"子"为"李"，李耳是老子的名字。若你对灯谜比较感兴趣的话，不妨找几本灯谜著作研究一下，这里就不再细述了。

千百年来，灯谜在流传的过程中，不断地丰富，从而涌现出了许多趣味无比、脍炙人口的佳品。许多文人墨客都对灯谜怀有一种特殊的感情，并出现了一些谜语专著，如宋代有《文戏》，清朝有《俞曲园灯谜大观》，民国时期有《春灯谜》《钓书钩》《灯谜品话》等等。特别是民国时期，一位姓李的文人编写的

那些做工精巧的花灯，在昔日是孩子们钟爱的玩具

《谜海》一书，里面收集了两万多条灯谜，洋洋大观，足见当时灯谜活动的规模之大。

灯谜，是我国民间独有的，且极富民族风格的艺术形式。它不仅寓意广泛、生动风趣，而且能够使人增长见识、启发智力，活跃了人们的文娱生活。因此，猜灯谜至今都是元宵节里一项备受群众喜欢的活动。

◎合家欢聚吃元宵

元宵

元宵节吃元宵，是我国南北各地均有的习俗。不过，北方大部分地区，在正月十五这天，除了吃元宵之外，必吃饺子，两者都有吉祥团圆之寓意。

元宵这一美食，最早出现在北宋。只是最初的元宵还称为"元子"，是用糯米做成的圆球，不用糖做馅子，而是把糖放在汤里。

到了南宋时，"元子"才用乳糖做馅子，称为"乳糖元子"。因为这种糯米球煮在锅里一上一下，又浮又沉，浮在碗上，颇像一轮明月挂在天际，所以也叫"浮圆子"或"团子"。

南宋文人周必大写的《元宵煮浮圆子》一诗，是我国至今发现的最早描写汤圆的诗：

今夕知何夕？团圆事事同；

汤官寻旧味，灶婢诧新功。

星灿乌云裹，珠浮浊水中；

岁时编杂咏，附此说家风。

周必大是南宋孝宗时期的大臣，他平时整肃军政，励精图治。他在这首描写汤圆的诗里面写道，就连灶下煮食汤圆的丫头，都沉浸在思念故乡的那种深沉的情绪里面，更何况是他这名国家重臣呢？他在举碗之时，根本无法抑制那一种盼望全国人民团聚的强烈愿望！吃汤圆，忆亲人，这个习俗就一直传到现在。

直到明朝永乐年间，民间才正式将这种糯米团子定名为元宵。明代学者刘若愚在《酌中记》一书里，还专门记载了江南元宵的制作方法：用糯米细面，内用核桃仁、白糖、玫瑰为馅，洒水滚成，如核桃般大。

到了清代，民间元宵制作的品种极为繁多，同时也涌现出许多享誉全国的著名元宵品牌。

清朝康熙年间，御膳房特制的"八宝元宵"，是名闻朝野的美味。马思远，则是当时北京城内制作元宵的高手。他制作的"滴粉元宵"远近驰名。清代诗人符曾写过一首名为《上元竹枝词》的诗，专门赞颂大名鼎鼎的"马家元宵"：

桂花香馅裹胡桃，江米如珠井水淘；

见说马家滴粉好，试灯风里卖元宵。

说到元宵，在我国近代史上还留下了一个有趣的掌故。据传，窃国大盗袁世凯篡夺了辛亥革命的成果之后，一心想复辟登基当皇帝。但他又怕人民反对，终日提心吊胆。一天，他听到街上卖元宵的小贩扯着嗓子喊"元——宵——"，觉得"元宵"两个字有"袁消"之嫌，继而联想到自己的处境，感到非常闹心。

每当临近元宵节时，卖元宵小贩的生意就会异常红火

于是，在1913年元宵节前期，袁世凯下令，禁止人们再叫"元宵"这个名字，必须称"汤圆"或"粉果"。

然而，"元宵"这个名字，并没有因为他的强权而在民间消失。反而是逆潮流而行的袁世凯，不久便一命呜呼了。

近千年来，我国民间的元宵制作日渐精致。仅就皮而言，就有江米面、黏高粱面和黄米面等。馅料的内容更是甜咸荤素，应有尽有。甜的有豆沙、芝麻、枣泥、花生、杏仁、山楂等等；咸的有酸菜、肉丁、火腿丁、虾米、豆干、茼蒿等等。

做元宵的时候，有的人是像包饺子一样，把馅子包在糯米粉调水揉捏的皮里，称为"包元宵"。在街上卖的元宵，则是先做好坚固的馅粒，然后一颗颗放在大箩筐中的干糯米粉上，摇晃箩筐使馅粒滚来滚去而蘸上糯米粉；捞起蘸水，再下筐摇滚，馅粒便一层层地裹上了厚厚的糯米粉，称为"摇元宵"。这种摇元宵的场面，往往吸引了许多人驻足旁观。那些上下翻滚的元宵，像在跳一曲特殊的舞蹈，令人的内心涌起一种莫名的喜悦与冲动。

现在，元宵早已成为人们日常生活中的小吃，如糯而不腻、软滑油润的"宁波汤圆"；清汤鲜美的"安庆汤圆"；成都的"郭汤圆""赖汤圆"；北京的"稻香村汤圆"等等，都是广受人们喜爱的美食。

而今，元宵仍然是元宵节的标志性食物

◎绚丽烟花映皎月

元宵之夜观赏烟花，也是民间一个非常古老的习俗。烟花像爆竹一样，都是以火药为基础发展而来的。根据史料记载，元宵节燃放烟花的习俗，应该始于唐代，繁盛于宋代。

唐中宗在位期间，他曾和皇后假扮成平民百姓微服出行，到民

燃放烟花是元宵节的一项重要活动，故而民间将这一习俗称为"烧元宵"

间去观赏灯彩、烟花。唐玄宗开元元年（713年）的元宵之夜，唐玄宗令人在长安城的安福门外广场架设起雄伟的灯楼，燃放各式各样的烟花。当时车马塞路，2000多名宫女在灯楼下载歌载舞，盛况空前。

宋代的烟花制作技艺日臻精巧。宋代文人西湖老人在《繁胜录》一书中，记载了宋宁宗时期，元宵节燃放烟花爆竹的盛况："庙前拥挨，轮马盈路，多有后生于霍山之例，入五色烟花，放爆竹。"

南宋文人周密则在《齐东野语》里面记载了宋理宗时期，宫廷观看烟花的一件趣事："穆陵（理宗）初年，尝于上元日，在清燕排当，恭请太后。既而烧烟火于庭，有所谓'地老鼠'者，径至于太母圣座下，太母为之惊惶，拂衣径起，意颇疑怒，为之罢宴。"

这里所说的"地老鼠"，其实是一种带有烟花性质的爆竹。点燃之后，它先是在地上回绕旋转上一阵，而且不响不起高。这种爆竹，至今仍深受孩童们的喜欢。

当时，宋理宗的母后安坐在那儿观看烟花，正在兴头之时，冷不丁一枚"地老鼠"钻到她的屁股底下，在一阵火花旋转、盘绕之后，再陡然炸响，其尴尬之态可想而知了。

明、清时期，我国民间制作烟花以及燃放烟花的盛况，都大大地超过了前代。据明代文人刘侗、于奕正合著的《帝京景物略》记载：北京的灯市，到夜晚燃放烟花。烟花有的构成架子，有的则像盒子，能够喷发出葡萄架、珍珠帘、长明灯等花色。

早在清朝嘉庆初年，浏阳的

彩灯双炮烟花

火树银花·庆赏元宵

金刚、文家市、大瑶、澄潭江等地，几乎家家户户都从事花炮生产，素有"十家九爆"之美誉。先后制作出"大叶菊花""大叶兰花""二梅花"和"连升三级"等烟花。

古代孩子在元宵节时燃放动物形的烟花

据说，李鸿章为了讨好慈禧太后，进献一盒大型烟花，价值竟达6万金。因此，各级官绅纷纷效法，一时奢风大炽。这在客观上，对我国民间烟花爆竹的发展，起到了一些刺激作用。

1918年左右，我国民间的烟花制作艺人，相继制作出"二龙戏珠""天鹅抱蛋""滴滴金"等玩具型烟花。不久，又研制出大型组合烟花，燃放时，花木鸟兽和各类人物逐层腾空，蔚为壮观。

中国人一直喜欢菊花，因此在各式各样喷射的烟花中，经常能够看到一朵朵五彩缤纷的"菊花"在夜空中绽放。

我国民间的烟花名目繁多，可粗分为大型类烟花和小型类烟花两大类型。大型烟花包括杆火、盘火和高空礼花。

杆火，又名"架子火"，属于低空焰火。它是把五花八门的烟花扎在架杆上表演。按规模可分为"全架火""半架火""一角火"等。

盘火，俗称"地摊子"，属于中空焰火。内容有"百鸟朝凤""空中报喜""雪花盖顶""百花齐放""连环花炮"等。

高空礼花，又称"火箭"，系高空焰火。高空礼花的射程高，可达100至300米。在射向高空之后，有带哨子的，有带鞭炮的，有带小降落伞的，还有带五光十色的小火弹子的，犹如天女散花，非常壮观。

绚丽的小型烟花

中国传统记忆丛书

圖説
老節俗

今天的元宵节，燃放烟花爆竹仍然是重要的活动项目

小型类烟花可分为喷射类、手持类、旋转类和升空类4个系列。

喷射类烟花，是直立地面上，点燃后从筒口喷射出2～5米高的花色，有"金菊绽放""梅花盛开""全家欢乐""垂柳满枝""金龙腾飞"等。

手持类烟花，是在点燃之后，从筒口依次发出清脆的声音，似粒粒明珠在天空中开花，并变幻出各种颜色，异常绚丽。

旋转类烟花点燃之后，在地面上飞速旋转，呈现出红、黄、绿、蓝等变色花盘，色彩优美，给人以离奇之感。

升空类烟花点燃后，在空中爆炸，火花闪闪，叫声连片，恰如彩蝶飞舞，纷纷飘然。

◎欢天喜地"闹社火"

元宵节离不开一个"闹"字，张灯、观灯、赛灯叫"闹花灯"，社火百戏叫"闹社火"，整个活动叫"闹元宵"。

社火，是一种群众性的文化娱乐活动。旧时，因为多由民间社会宗教团体出面组织，所以也叫"社伙"。

社火一般从正月十一日就开始了。社火开始的第一天，称为"上彩日"，晚上要吃"上彩饭"。民间社火在正月十五、十六这两天达到高潮，有些地

民间牙雕作品《欢天喜地闹元宵》

方甚至可以延长至正月二十九才结束。

社火的内容丰富多彩，诸如耍龙灯、舞狮子、踩高跷、扭秧歌、跑旱船、大头娃娃、打花鼓等等。

耍龙灯，亦称"舞龙灯"或"舞龙"。它是流传于我国民间的一种极为古老的舞蹈形式。舞龙灯的起源，甚至可以追溯到上古时期。传说，早在黄帝时期的一种名为《清角》的大型歌舞中，就出现过由人扮演龙头鸟身的形象。

汉代时，在社会一些大型庆典中，出现了真正意义上的龙舞。在山东沂南出土的汉代画像石，就有戏龙舞龙的人物图像。

到了唐、宋时期，在"社火""舞队"表演中，龙灯舞已经成为一种非常多见的表演形式。到了清代，道具龙的颜色已经很丰富。龙的长度，从9节到12节不等，每节大约一二尺长。有的道具龙则长达120余米，重达百余公斤，全身金光闪闪。舞动起来之后，场面壮观，气势恢宏。男女老少们常结队观看，锣鼓声、鞭炮声、喝彩声响成一片。

舞龙

一条巨龙追捕着红色的宝珠，忽而高耸，忽而低下，蜿蜒起舞，变化万千，宛如真龙一般。有的着重表演"单龙戏珠""二龙抢珠"的情节；有的则表演"老龙盘柱""老龙过滩"等，呈现出一片热烈、欢快、祥和的景象。

在耍法上，各地风格不一，各具特色。耍龙灯的习俗，相沿流传，至今已经发展成为一种形式完美，极具表演技巧和浪漫主义色彩的民间舞蹈艺术。

舞狮，又称"狮灯""舞狮子"。这个古老的传统节目，多在年节或喜庆活动中表演。在表演形式上，舞狮可分为"文狮"和"武狮"两种。"文狮"，主要刻画狮子温顺的神态，有搔痒、舔毛、打滚、抖毛等动作；"武狮"则表现狮子的勇猛性格，有跳跃、扑腾、登高、翻转、踩球等动作。

在舞狮时，始终都要有铜器伴奏，俗称"玩狮子离不开铜器"。舞狮子的配乐主要是打击乐，一般是由4面大鼓、大锣，两对大铙，一面堂锣、堂鼓组成。有时候还配上唢呐、笙等吹奏乐器。当表演到高潮时，有时候还会放铳或鞭炮助威。民间舞狮活动的习俗，实际上是我国人民借此寄托消灾除害、求吉纳福的美好愿望。

踩高跷，俗称"缚柴腿"，是一种十分独特的民间娱乐表演。它融舞蹈、杂技、戏曲于一体，既生动活泼，又充满喜庆的色彩，深受广大群众的喜爱。

踩高跷的习俗，据说是起源于古代先民为采集树上的野果，而想出来的一种技能型措施。在上古时期，农业还十分落后。那些生活在山洞里的先民们，以采食树上的野果为生。可是，有些树木太高，往往难以采摘到野果。

于是，有些先民在长期摸索中发现，当他们把自己的双腿绑上两根长

舞狮

棍时，不仅不影响自由活动，而且可以轻易采摘到高处的野果。久而久之，最初这种用来谋生的手段，发展演变成一种民间表演艺术。

踩高跷，这种极具乡土特色的民间艺术在其发展过程中，由于受到不同地域不同习俗的影响，逐渐形成南北两派。

踩高跷

在北派高跷中，表演者扮演的人物有渔翁、媒婆、小二哥、傻公子、和尚、道姑等。在南派高跷中，表演者扮演的多是戏曲中的人物，如张飞、关公、吕洞宾、何仙姑、孙悟空、张生、红娘、济公、神仙、小丑等。不过，现在的高跷表演，南北已经没有太大的差异，所扮演的人物也是交替互显。既有古代的人物，又有现代的人物。其表演的内容，更是五花八门。

踩高跷还有文武之分，文高跷主要是表演走场，以演唱秧歌歌词唱段为主，动作优美舒展。武高跷以表演各种惊险动作为特点，如劈叉、打旋风腿、翻跟头、拿大顶等许多名目。此类表演，比一般的跳高的难度要大多了。因为表演者腿上绑着一米甚至二三米的高跷，没有高超的技艺是绝对不敢尝试的。

扭秧歌，又称"秧歌舞"。它跟古代祭祀农神祈福禳灾时，人们所唱的颂歌、禳歌有关。它在发展的过程中，不断吸取农歌、菱歌、民间武术、杂技以及戏曲的技艺，从而由一般的演唱秧歌发展成为民间歌舞。

秧歌作为元宵节"社火"里的一项表演项目，大概出现在宋代前后。到了清代，秧歌表演已在全国各地广泛流传，而且在不同的地域形成许多不同风格的秧歌舞蹈。如

河北蔚县剪纸《扭秧歌》

民间剪纸作品《闹社火》

"鼓子秧歌"（山东）、"陕北秧歌""地秧歌"（河北、北京）、"满族秧歌""高跷秧歌"等等。

另外，南方的"花灯""花鼓"以及广东与香港地区流行的"英歌"，其名称虽异，但都属于秧歌这一类型，是从秧歌中派生出来的。

山东"鼓子秧歌"里有5种主要角色，即"伞、鼓、棒、花、丑"。其中"伞"又分"丑伞"与"花伞"。"丑伞"又称"头伞"，为男性老人打扮，是整个秧歌队的指挥者。"鼓"为武生装扮，是秧歌队的主要演员，人数多，动作复杂，边舞边击鼓，气势非凡。"鼓子秧歌"即由此而得名。"棒"为男性青年，双手执两头有五彩条的木棒起舞。"花"为女性青年，装扮仿戏曲中的花旦。"丑"人数可多可少，扮演成"县官""丑婆""傻小子""花花公子"等，即兴表演逗趣。

秧歌舞除具有自己的风格特色，一般由舞队十多人至上百人，扮成历史故事、神话传说和现实生活中的人物，边走边舞。随着锣鼓的节奏，变换出各种令人百看不厌的队形和舞姿。

跑旱船，又名"划旱船"。关于它的来历，在我国民间曾流传着这样一个传说：

在很久以前，洪水泛滥。许多百姓因为被洪水围困，最终饥饿或染瘟疫而死。大禹担负起了治水的重任。他一方面开江导流，一方面教百姓造船。最后终于战胜了洪水，拯救了无数百姓。洪水退下之后，所有的船筏都搁浅

划旱船

在了陆地上。农闲之时，一些百姓把那些船筏拉来拉去，视为游戏。后来就演变成了"跑旱船"的活动。

现在的旱船，一般都是用竹或秫秸扎成船形，糊上纸或布帛，饰以彩绸、纸花。船形下面用布幔围住，遮住表演者的腿脚。旱船一般长5～7尺，大的也有丈余的。在船的中间留有表演者站立活动的空间，用布带系在表演者的肩上或腰间。

民间在表演跑旱船时，表演者多扮成一对渔家夫妇或父女。女的在船中，男的在船外撑篙或划桨，表演在水中行船或捕鱼的劳动生活。

跑驴

表演者在撑船或划桨时，则做一些技巧性动作，如"虎跳""旋子""扫堂腿"等，以显示与风浪搏斗，不肯服输的精神。女的手握船舷，与脚下的步伐配合，表现船在漩涡或波浪中起伏。在夜晚表演跑旱船时，旱船上还要点燃灯烛。

跑旱船，其伴奏的乐器多为锣、鼓、钹等打击乐器。也有的地方会加入一到两只唢呐伴奏，气氛异常热烈。

这些民间艺术表演，给元宵节带来了浓浓的节日气氛。官商士庶无不加入到"闹社火"的人潮中来，他们一起组成了元宵节最欢乐的画面。元宵节，不愧是中国民间的"狂欢节"！

◎捏面灯与"走百病"

过去，在我国北方许多地区，在正月十五之夜有点面灯的习俗。至今，在一些农村地区，仍沿袭着这一传统习俗。

面灯，又称"面盏"，形似茶碗，是采用豆面、小麦面、荞麦面、地瓜面等做成的。采用豆面做成的叫"金灯"；用小麦面做成的

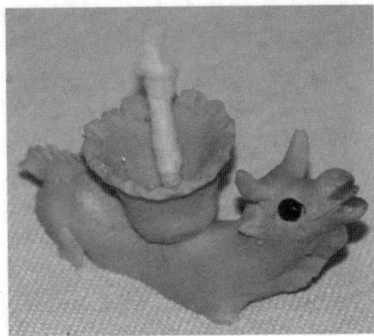
豆面做的十二生肖牛灯

叫"银灯";用地瓜面或荞麦面做成的称为"铁灯"。

到了正月十五这天,人们早早地开始忙活着捏面灯。捏面灯不像蒸年馍那么严格,大人孩子都可以参与,很随意。因此,对于当时的孩子们来说,捏面灯是一件十分有趣的事情。即使时隔多年,仍会在心里留下美好的记忆。

面灯的形状很多,最常见、最简单的就是桶形的。做桶形面灯时,先把面搓成柱状,用刀切成段;再把每一段团成圆柱形,底面压平,顶面抠成坑状;最后插上一根用柴草或细小的木棒缠上棉花做成的灯芯,一盏桶形面灯就做好了。

最有趣的是那些形态各异的动物灯,其中以生肖造型为主,小巧玲珑。动物的姿态,或立或奔跑或飞翔或静卧。在捏制的时候,靠即兴发挥,随意性强。

但是,无论捏制成哪一种造型,都要在上面设计安排装饰上一些粮食或蔬菜的种子和叶子,借以象征"五谷丰登"。每一个生肖的背上,都要捏制上一个灯碗,用来盛豆油。

地瓜面做的十二生肖猪灯

除了生肖灯,大多数人家还会在这一天捏12盏"月灯"。所谓"月灯",就是在面灯的边缘上捏上1至12个精致的褶子,以对应一年的12个月。如果是闰年,还要多加一盏灯。然后放到笼屉里蒸熟,掀开锅盖之后,哪盏面灯里面存的蒸馏水较多,就意味着这盏面灯所代表的那个月份会有较多的降水。

豆面做的月份灯

到了正月十五的晚上，各家各户将蒸好的面灯拿出来，安好灯芯。然后在灯碗里面倒上豆油，并逐个点亮。一团团跳动的火焰，使正月十五的夜晚显得愈加温馨、祥和。

不同的面灯，要摆放在不同的地方。点亮的狗形面灯要放在家门口，让它们保家护院；点亮的鸡形面灯放在鸡栏边，祝愿鸡们不生病、多下蛋；鱼灯要放在水缸上，祝愿合家幸福、财源顺水来。

粗陋的萝卜灯

还有一种面灯，是用白菜疙瘩或萝卜疙瘩制成的。这种灯丑陋难堪，一般都是摆在大路口或是茅厕里，让它们自燃自灭。

大人们还会小心翼翼地拿着其中一盏，照一照屋里，寓意满屋的吉祥；照一照粮囤，寓意五谷丰登。

有的人家，还要用点燃的灯碗在家人的耳畔照一照。老人照了之后，耳聪目明，健康长寿；孩童照了之后，聪明伶俐，不长耳垢。也有的人家，还要在锅台、桌子、门口、窗台各放上一个面灯。一盏盏点燃的面灯，光芒四射，象征着生活红红火火。

燃烧完毕的面灯，则成为孩子们元宵节里的一道美食。经过油与火的烘烤，已被烤糊的面灯，外酥里嫩。咬一口，香喷喷、脆生生的，令人回味无穷。

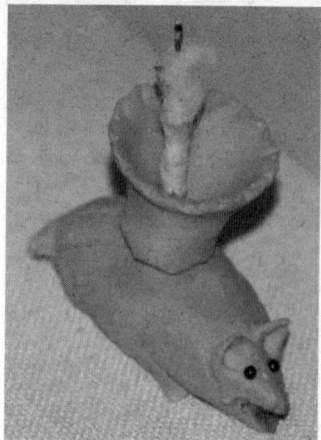

豆面做的十二生肖鼠灯

"走百病"，是旧时流行于我国北方民间的另一大习俗。"走百病"，又称"散百病""烤百病""走桥"等，参与者多为妇女。在正月十五这一天，妇女们身着白绫衣裳，结伴相携，走过水桥，到郊外旅游，目的就是驱病除灾。走在最前面的妇女举香开道，其他的人紧随其后，依次过桥，民间称之为"度厄"。

中国传统记忆丛书

图说
老節俗

旧时，我国民间许多地区在元宵节期间有"走百病"的习俗

在《帝京景物略》一书里，有关于当时"走百病"习俗的详细记载：每年的正月初八至十八夜晚，人们都纷纷赶往东华门外"逛灯市"。妇女们身着白绫，结伴夜游，途中要特意经过一座桥。民间称这一习俗为"走桥"。据说，这样能保一年腰腿无病。

过桥后，妇女还要到各城门的门洞去摸城门上的铜钉，谓之"宜男"，说是这样可以多生男孩。因为"钉"与"丁"谐音，而"丁"又象征男子。所以没有儿子或者尚无身孕的妇女皆诚心摸钉，以求子嗣。

老北京曾经流传着这样一段俚曲："正月正，呀呀哟，娘家接我去看灯。问问婆婆问公公，婆婆说你去了早早地回，媳妇说是我还要走百病。妈妈呀，你也去罢，走走桥儿不腰疼。"

1929年，天津《益世报》上说："俗传正月十五日妇女出门游逛可祛百病，相沿成风，牢不可破。故每年是日，红颜绿鬓，三五成群，联袂游于街上，晚间观灯者尤多。"

每逢元宵节夜晚，特别是正月十六一整天，妇女们三五成群，结伴出游。她们一边赏灯闲逛，一边遛弯儿"走百病"，这绝对是她们一年当中不可多得的自由游乐时间。

◎占卜众事"迎紫姑"

迎紫姑，是旧时民间妇女在元宵节当中的一项非常有趣而又有点神秘色彩的民俗活动。紫姑，又称"子姑""茅姑""坑三姑"等，是我国民间传说中的司厕之神。

传说，紫姑生前是一个身份卑微的小妾。她在正月十五这天夜里，被大妇妒害，死于厕中。后来，玉皇大帝就封她为厕神。南朝宋人刘敬叔在其撰写的《异苑》里面记载了这个传说。

民间传说，晋代的陶侃入厕，见到紫姑。她对陶侃说："三年莫说，贵不可言！"后来，陶侃果然发迹。

南朝梁人宗懔在其著作《荆楚岁时记》里写道，在正月十五之夜，人们要举行迎紫姑的仪式，并以此来占卜桑蚕和其他事情。由此可见，民间有关紫姑的传说应该更早。后世，迎紫姑的习俗历代相传，我国大江南北多有流传。至今，在江西、湖南某些农村地区，仍保留着这一习俗。

民间传说的厕神紫姑神像

那么，在古代人们是怎样来举行"迎紫姑"的仪式呢？

宋代诗人苏轼，在其作品里提到，江淮地区的民间，每到正月十五前后，妇女们都会用衣服和箕帚，装扮成紫姑神，进行祭拜。

明代文人刘侗、于奕正在《帝京景物略》里面，记载民间迎紫姑的仪式是这样的：在每年正月十五的晚上，妇女们用稻草或麦秸草扎成草人，并将画好的"纸面"糊在草人的面部。随后，还要为它穿上衫裙，包上头帕，称其为"姑娘"。

清代文人黄斐默在《集说诠真》一书里面，则记载了清代迎紫姑仪式的情景：每到元宵节之夜，妇女们大都要举行迎厕神的仪式。在元宵节的前一天，她们取粪箕一具，饰以钗环，簪以花朵，另用银钗一支插箕口，供在厕坑旁边。另设供案，点烛焚香，小孩们都要对其行礼。

古代厕神虽有不同的叫法，但历来都是女性。因为女性每天要上厕所，放个男神不大方便。古代妇女在家庭中的地位大都较低，分娩

厕所虽然比较肮脏，但厕神却是一位俊美的女子。这是民间剪纸艺人创作的厕神形象

也被认为是污秽不净之事，常被迫在厕内分娩。所以厕神主要是妇女祭拜。

在迎紫姑之前，一定先要把厕所、猪栏等处打扫干净。然后，给扫帚穿上衣服扮成紫姑，或者束草为人，再为其穿裙裹帕，并以纸制假面扮成紫姑。

从各地迎紫姑的活动来看，紫姑的职责主要不是司人家之厕，而是代卜人间众事。这个仪式，带有很多游戏娱乐的色彩。元宵良夜，新春无事，以这种奇特的方式消遣，自然备受妇女们的欢迎。

城里妇女借机可向紫姑问一问心事，如占卜何时觅得如意郎君，何时能得贵子等等。乡村妇女迎紫姑，还可以占卜农事。如浙江一带的养蚕妇女，每年正月十五日的清晨，沐浴焚香，煮好白膏粥，涂在屋梁上面祭祀蚕神。到晚上迎紫姑时，就占问今年养蚕收成如何。

在古代，养蚕是妇女们的主要副业之一。因此，她们在迎紫姑占卜的时候，蚕事收成也是重要的一条

在我国民间，关于迎紫姑习俗的说法极多。如杭州称"召厕姑"，苏州、绍兴等地称"坑三姑娘"，山东临沂、菏泽等地称"邀厕姑"，广东称"请厕坑姑"等。

无论是哪一种说法，妇女们迎紫姑的心愿都是一样的。她们都希望自己在生活和感情上能够得到神灵的庇护，获得幸福。

◎ "送孩儿灯"与"偷菜"

在元宵节的传统活动习俗当中，因为有了众多女性的参与，便拥有了更多浪漫的色彩。"送孩儿灯"和"偷菜"，就是与婚育有着紧密联系的两个习俗。

送孩儿灯，又称"送花灯"。这一活动，就是在元宵节之前，由娘家送花灯给新嫁的女儿家，或由一般亲友送给新婚不育之家。其目的就是为了送吉添丁，因为"灯"与"丁"谐音。"送灯"便有人口"添丁"的祝福之意。

送"孩儿灯"的习俗，有祝福早生贵子，人丁兴旺的美好寓意

80

过去，这一习俗在我国民间的许多地方都有流传。可选的花灯种类也很多，诸如宫灯、莲花灯、钱鼓灯、玻璃花灯等，应有尽有。

送哪一种花灯，由本地的风俗习惯而决定。如陕西不少地区，是在正月初八到十五期间送灯，头年送大宫灯一对，希望女儿婚后吉祥高照，早生麟子；如果女儿已经怀孕，除了大宫灯之外，还要送一两对小灯笼，祝愿女儿孕期平安。

在古代，闺中女子一般是不允许外出自由活动的，但元宵节破例，可以结伴出游。这就为当时的男女青年交往提供了一个难得的机会。

婚姻，往往决定着一个女人一辈子的幸福。尤其是在那个"父母之命，媒妁之言"的封建时代，更是如此。因此，姑娘们最大的心愿就是日后能够找到一个称心的郎君。

于是，在我国民间的许多地区，便出现了元宵节"偷菜"的习俗。旧时，在南方很多地区，对元宵节还有"偷菜节"之称。

每年元宵节，贵州黄平一带要过"偷菜节"。在节日这天，姑娘们便成群结队去偷别人家的菜，但严禁偷本家族的，也不能偷同姓人家的。偷菜的数量，够大家吃一顿即可。

吃"百菜宴"的习俗，其实是女性们对美好未来渴望的一种特殊表达

她们在偷菜的时候，并不怕被发现，被偷的人家也不责怪。大家把偷来的菜集中在一起，做成"百菜宴"。据说谁吃得最多，谁能早得意中人。

在闽南、台湾等地区，至今仍有未婚女性在元宵夜偷摘葱或菜希望能嫁个好丈夫的习俗，俗谚道："偷剜菜，嫁好婿。"

常言说："正月十五闹元宵"。元宵节狂欢庆典的关键，似乎就在一个"闹"字。喧声驱逐夜阑，灯光掩盖夜色，人们在元宵节不仅玩得不亦乐乎，也是"偷"得不亦乐乎。这其中的乐趣，一定给不少人留下了难以忘怀的记忆吧。

第三章：春龙抬头，五谷丰登

◎ "龙抬头"的起源

龙抬头（农历二月二），又被称为"春龙节""青龙节""春耕节"等。它是中国民间的一个古老的传统节日。民间传说，这天是龙抬头的日子，人们纷纷举行各种仪式，庆祝"龙抬头"，以示敬龙祈雨，希望上苍保佑农业丰收。

古代中国，是一个以农业立国的大国。农业丰收，天下太平，便成为人们心目中的一个最美好的愿望。但在古代，由于科学技术欠发达，农业生产处于靠天吃饭的原始阶段。人们为了实现这个心愿，便祈求神灵的保佑。于是，我国民间在很早就出现了祭祀土地神和日神的活动。

然而，仅仅有日、有地还是不行的，必须有水才能够保证农业真正丰收。于是，想象中的龙能治水的神话便应运而生了。

龙，在中国人民心目中的地位是至高无上的，连古代的皇帝也借龙以降服臣民，故有所谓"真龙天子"之称。

那么，龙到底是什么样子呢？

龙，是中华民族精神之魂

作为一种传说中的灵兽，恐怕谁也没有真正见到过。但传说中的龙是这样子的：身似蛇，脸似马，角似鹿，耳似牛，鳞似鲤，爪似鹰，掌似虎。它上能腾云驾雾，势冲九霄；下能翻江倒海，直抵幽冥。而且，

在传统民俗文化里面，龙是一种与天下百姓生活息息相关的神灵

其身能大能小，变化无穷。在人们的心目中，龙是集日月之精华、汇天地之灵气的生灵，更是和风化雨的主宰。因此，中华民族又自称是"龙的传人"。

如此一来，中国人崇拜龙，也就在情理之中了。那么，农历二月二为什么被称为"龙抬头"呢？

其实，这与古代的天象有关。旧时，人们将黄道附近的星象划分为28组，表示日月星辰在天空中的位置，俗称"二十八星宿"，以此作为天象观测的参照。

"二十八星宿"按照东南西北4个方向，划分为四大组，产生"四象"：东方苍龙，西方白虎，南方朱雀，北方玄武。"二十八星宿"中的"角、亢、氐、房、心、尾、箕"七宿组成一个龙形星象，人们称它为"东方苍龙"，其中"角宿"代表龙角。

在农历二月初二这一天，东方地平线上升起"龙角星"，所以称为"龙抬头"。民间又传说，这一天龙神会从睡眠中醒来。于是，人们在这一天就会焚香祈告，祈求新的一年里风调雨顺，五谷丰登。

从科学的角度来看，农历二月初二是在"惊蛰"前后，大地开始解冻，天气逐渐转暖，农民告别农闲，开始下地劳作了。所以，古时会把"二月二"叫做"春耕节"或"上工日"。俗话所讲的"二月二，龙抬头，大家小户使耕牛"说的就是这个道理。

民间年画艺人根据古代帝王二月二御驾亲耕的传说创作的年画作品

在我国民间传说里面，此节

中国传统记忆丛书

圖说
老節俗

的起源更为久远，据说与三皇之首的伏羲氏有关。伏羲氏"重农桑，务耕田"，每年二月二这天，皇娘送饭，御驾亲耕。后来的黄帝、尧帝、舜帝等，纷纷效法先王。到周武王时，不仅沿袭了这一传统作法，而且还当作一项重要的国策来实行。在二月二这天，要举行隆重的仪式，让文武百官都亲耕一亩三分地。

当然，这只是民间的一种传说。至于那些帝王们在二月二是否亲自扶犁耕田已无从考证。但由帝王扶犁耕田之传说，说明了春耕生产不误农时的重要性。

◎迎龙、敬龙祈丰年

龙抬头节，主要流行于北方地区。而南方水多，土地少，这天多流行祭祀土地神。由于北方地区常年干旱少雨，地表水资源短缺，而赖以生存的农业生产又离不开水，病虫害的侵袭也是庄稼的一大患。因此，人们求雨和消灭虫患的心理便折射到日常信仰当中，龙抬头节对人们而言也就显得格外重要了。

故而，在这个节日里，我国北方民间有许多与迎龙、敬龙相关的习俗，诸如"引龙回""焙面旗子""炒黄豆""剃龙头""戴龙尾"等等。

引龙回，亦称"引钱龙"，就是取灶灰从户外水井边或河边撒起，一路逶迤步入宅厨，旋绕水缸，成一弯弯曲曲的灰龙。明朝文人沈榜在其撰写的《宛署杂记》中写道："都人呼二月二为龙抬头，乡民用灰自门外蜿蜒布入宅厨，旋绕水缸，呼曰引龙回。"

过去，孩子们对撒灶灰非常感兴趣。他们总是争着给大人打下手，用一双小手轻轻地捧起灶灰，

南方民间在二月二这天主要祭祀土地神

随在大人的身后一点点地撒开，灶灰蜿蜒不断、连缀成线，孩子们觉得好玩极了。

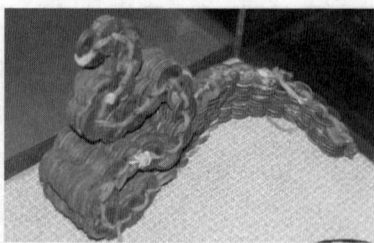

每家每户都渴望着把"钱龙"引到自己家里来

在山西部分地区，"引钱龙"的方式与别处略有差异。早上太阳还未出山，家家户户提着一把茶壶，到河边或井上去汲水。按照这一年几条龙治水推算，在茶壶内放几枚铜钱或硬币。汲水以后，随走随洒一条水迹回到家中，然后将剩余的水全部倒入缸里，"钱龙"就引回家里来了，寓意一年发财。而且在"引钱龙"的时候，一定不能说话，以免把"钱龙"惊跑了。

为了表示对龙神的敬畏，在二月二这天还有许多忌讳。如妇女们在二月二这天不能做针线活，因为苍龙在这一天要抬头观望天下，使用针会刺伤了龙眼。有些地方的妇女在起床之后，要打着一盏灯笼照一下房梁，一边照一边念叨着："二月二，照房梁，蝎子蜈蚣无处藏。"有些地方的妇女在这天禁止洗衣服，据说是怕伤了龙皮。

我国民间有正月不剃头的习俗，所以到了龙抬头这天，也成为理发的好日子。这一天理发，叫"剃龙头"或"剃喜头"。借龙抬头这一吉时，保佑孩子们健康成长，长大以后出人头地；大人理发，则为了辞旧迎新，以求带来好运。故而，民谚有"二月二剃龙头，一年都有精神头"之说。

"戴龙尾"，是二月二这天孩子们专属的习俗。到了二月二，大人们拿出平日积攒的花花绿绿的布头，剪成硬币大小的圆儿，再用切成段儿的高粱秸儿将五彩布片连接起来，末端还要系上彩色布条儿。做好的"龙尾"，拴在孩子们的衣帽上。当那些戴着"龙尾"的孩子们在街上快乐地嬉戏奔跑时，五彩流苏随风飘荡，使

对孩子们来说，二月二"剃龙头"是一个重要的习俗

他们一个个显得神采飞扬。这一习俗，其实代表了大人对孩子们的美好祝福，希望他们能够平安健康、生龙活虎地成长。

为了讨吉利、求喜气，这一天，我国各地普遍把吃的东西都冠以"龙"的头衔。如吃水饺叫"吃龙耳"，吃春饼叫"吃龙鳞"，吃面条叫"吃龙须"，吃米饭叫"吃龙子"，吃油炸糕叫"吃龙胆"等等。

龙抬头，原本是一个以敬龙活动为主的节日。但这些食品的名字又颇令人诧异。如果神龙有灵，听到这些名字之后，会不会吓得浑身哆嗦呢？

由此也可以看出劳动人民的乐观与幽默。想来，这大概算是芸芸众生对龙敬畏到骨子里的一种特殊表达方式吧。

而在二月二的美食当中，最具有代表性的是炒黄豆、面旗子和玉米花了。民谚有云："二月二，吃豆豆，人不害病地丰收。"

二月二的代表性食品"面旗子"

那么，为什么民间在这一天要吃这些东西呢？在我国北方民间流传着这样一个故事：

相传，武则天当了皇帝之后，玉帝便下令3年内不许人间降雨。但司掌天河的玉龙不忍心看着百姓受灾挨饿，偷偷降了一场大雨。玉帝得知后，大发雷霆，将玉龙打下天宫，压在一座大山下面。山下还立了一块碑，上面写道："要想重登灵霄殿，除非金豆开花时。"

天下百姓感激玉龙降雨之恩，便处处设法拯救玉龙，四处寻找开花的金豆。可是，哪有开花的金豆呢？后来，太白金星同情玉龙的遭遇，便托梦给人间说："只需在二月二这天，将黄豆炒开花即可！"

二月二炒的黄豆、糖豆和地瓜豆

口中含着钱币的圣虫

于是，人们便相约在这一天炒黄豆，并将其摆在院子里，焚香祭拜天地。玉帝闻讯金豆开花之后，只好将玉龙释放了。

从此以后，民间便形成了风俗，每到二月二这天，家家户户都要炒黄豆。有的人家还爆玉米花、焙面旗子等。

山东不少地区，在二月二这天，还有蒸"圣虫"的习俗。圣虫，据说就是传说中的龙。虽说传说中有龙，但人们并没有真实见过。所以，民间的妇女在制作圣虫的时候，将蛇的形象融入其中。因此，圣虫的外形，就像一条盘起来的蛇。

妇女们在做圣虫的时候，先将揉好的面柱盘绞在一起，然后用剪刀在上面轻轻地剪出一排排龙鳞，最后再用黑豆点睛，一只圣虫就"活"了。或威风凛凛，或活泼可爱，几乎每家做出来的圣虫都有微妙的差别。若将它们排列在一起，会显得十分有趣。做圣虫也有讲究，一做就是一对儿，一公一母。公的身上有鳞，母的身上没有鳞。

民间认为，在二月二这天，将一对圣虫放进面缸里，米面就不会生虫；同时"圣"与"升"谐音，还寓意着越吃越有。

当然，让那些最终会成为腹中之物的圣虫给人们带来粮食的增加，是根本不可能的。其实，妇女们蒸制圣虫的真实目的，应该是为了表达自己对美好富足生活的希冀吧！

◎ "打囤子"与驱虫避灾

旧时，农民在储存粮食时，经常使用囤子。囤子，是采用柳条编成的，多为圆形。囤内装满粮食之后，顶部可以再圈上"折子"，借以增加储存量。

"大囤满，小囤流"，不仅寓意着一个家庭生活富裕，也是过去

农民用来盛放粮食的元宝形囤子

每一个家庭所追求的目标。故而，在北方民间才会有"二月二，龙抬头，大囤满，小囤流"的谚语。

打囤子，亦称"打灰囤""画仓""打露囤"等，是北方农村地区在龙抬头节常见的习俗。

在二月二这一天，天刚蒙蒙亮，农民们便从锅灶内扒出先前煮饭时积攒的草木灰，开始在自家门口或场院里打囤子。

打囤子所用的草木灰还有一定的讲究，要用玉米秸、谷秸、花生蔓子等庄稼秸秆烧出来的灰。所以，头几天做饭，不能用别的草，就是为了攒下打囤子用的草木灰。

打囤子用的工具各不相同，有的用柳编簸箕，有的用木簸箕，还有的用铁簸箕。因为所用的工具不一样，打囤子时所发出的声音也不一样。你听吧，这边"突突突"，那边"梆梆梆"，就像一曲特殊而又悦耳的交响乐，在静谧的乡村上空回响着。

妇女们用簸箕之类的工具所打出来的"囤子"，由于撒下的草木灰比较均匀，所以看上去较为美观，只是比较费时一些。而且在打囤子的时候，她们的嘴里还要念叨着："囤子囤子要打好，打得粮食盛不了……"

比较快的打囤子方法，就是直接使用铁锨盛上草木灰，人站在中间为圆心，锨柄为半径，转一圈，即可画成一个灰色的圆圈；然后，在中间用草木灰打上一个"十"字，中间放上两把麦子、玉米、豆子、高粱等粮食，一个"大粮囤"就完成了。这样的"囤子"，往往一家要打好几个。

有些地方，还要在"囤子"边上用草木灰画上一个"梯子"。意思是粮囤又高又满，需要踩着

农民为祈求农事丰收，在二月二打的灰囤

91

"大囤满，小囤流"，是农民们对生活的一种美好希冀

梯子才能取粮，以此祈盼能够有个丰收年。

民以食为天，尤其是在古代农业社会，农民生活大都比较艰辛。若一年中未遭水灾、旱灾、蝗灾，庄稼丰收，一般人家可以勉强维持温饱；一遇荒年，轻则忍饥挨饿，啼饥号寒，重则离乡背井，流落他乡。故而，二月二民间打囤子之事，真实寄托了农民祈求粮食丰收最强烈之愿望，绝非徒托形式。

俗话说："惊蛰过，百虫苏。"龙抬头节里，民间还流行着许多以驱虫避灾为主的禁忌与活动。

据《阳城县志》记载："百蜇初惊，悬天师符以群虫毒。"阳城人二月二这天起床后，忌说"起"字，担心毒虫应声而起。

晋南地区大多数人家喜欢煮蔓菁汤，遍洒屋内墙缝、墙角，炕席底下、床下，谓之"禁百虫"。

文荣一带，还有熏虫的习俗。到了二月二的四更天，家家户户的男主人便起了床，将早已准备好的，以豆秸、谷秸、艾蒿扭成的草把点燃。然后，一手拿着烟熏火燎的草把，一手敲打着耕地的铁犁铧，发出"当当"的声音，用其烘烤着屋里屋外，包括牲口棚、猪圈、鸡窝、厕所等各个角落。意思是先用铁犁铧将虫子惊醒，再经过烟熏火燎，使它们彻底灭绝。

旧时民间常贴的《鸡王镇宅》年画，便真实地反映了农民驱虫避灾的愿望

当然，由于各地风俗习惯的差异，人们驱虫避灾的方式也各不相同，但其最终的意愿是相同的。

无论打囤子还是驱虫避灾，这些淳朴的习俗，其实都是表达了农家人企盼风调雨顺，远离虫灾，粮满囤、米满仓的美好愿望。

第四章：清明风至，祭祖踏青

◎上巳、寒食与清明的渊源

清明节，又称"三月节""祭祖节""扫墓节""踏青节"等。它是中国民间一个非常古老的节日。

清明节的时间并不固定，按阳历来说，它是在每年的4月5日或6日；按阴历，它则是三月上半月的节气。古人算节气，都是从冬至起，从冬至到清明，中间整整隔了7个节气。

一个节气按整数15天计，是105天，交清明节则是106天。所以，古人说"冬至百六日为清明"，又说"春分加十五日则清明风至"。

"清明"二字，古籍《孝经纬》上解释说："万物至此皆洁齐而清明矣。"其他的书上也有"桐始华，虹始见，萍始生"等记载。由此可见，清明是象征着我国黄河流域万木凋零的寒冬已经过去了，风和日丽的春天真正来到了。

清明节有着非常悠久的历史，它大约始于周代帝王将相的"墓祭"之

清明时节，天高气爽，故而民间才会有"青云得路"之说

踢毽子，是古代清明节期间的一个古老游戏

礼，已有2500多年的历史。

作为岁时节令，它融合了寒食节、上巳节的有关风俗，有着禁火禁食、祭扫坟墓、踏青郊游、荡秋千、放风筝、打马球、踢毽子、蹴鞠、插柳等一系列的风俗活动。

时至今日，我国民间仍有很多地区将清明节称为"寒食节"。其实，寒食与清明是两个不同的节日。

那么，我们在走进清明节的节俗之前，不妨先简单了解一下清明节与上巳、寒食之间的关系。

在先秦时期，三月上旬有三个节日——清明、上巳与寒食。在性质上，这三个节日都与宗教鬼魂有关，所以容易引起后人的混淆。

三月上巳，是周朝以前就出现的节日。据《风俗通》一书记载："郑国之俗，三月上巳，于溱洧两水之上，执简招魂，祓除不祥。也就是说，在三月上旬第一个巳日，在水边举行招魂禳灾的仪式。到了汉朝，三月上巳这天仍是人们所重视的节日。

然而，由于上巳节每年的时间并不一致，令人安排起来感到很不方便。于是，在魏晋以后，人们便舍三月上巳而改在阴历三月三过节了。明代文人谢肇淛在其撰写的《五杂俎》中说："三月三日为上巳，此是魏晋以后相沿，汉犹用巳，不以三日也，事见宋书。"

古人在三月上巳举行的"曲水流觞"活动

过去，在三月三这天，有曲水流觞的活动，这便是承袭古代上巳在水边执简招魂的活动而来的。"觞"是椭圆形、带把手的浅木盘，里面可以盛酒。人们在举行完祓禊的仪式之后，大家坐在水渠两旁，在上流放置这种特殊的酒杯，任其顺流而下。"酒杯"停在谁的面前，谁即取饮，彼此相乐，故称为"曲水流觞"。

后来，这项活动演变成文人雅聚时的一种游艺。

寒食的形成，稍迟于上巳。它的起源，据说与春秋时期晋国公子重耳的属臣介子推有关。在我国民间一直流传着这样一个故事：

公元前656年，晋国发生内乱，公子重耳被迫逃亡国外。介子推不畏艰难困苦，始终辅佐在重耳身旁，甚至不惜为其献出生命。在流亡了19年之后，重耳重新回到晋国做了国君，即晋文公。

一次，晋文公对随从他流亡的功臣们进行封赏的时候，竟然忘记了介子推。然而，介子推是一个特别正直的人。尽管晋文公把他忘了，但他并不前去争功。他带着母亲悄悄地离开了京城，来到绵山隐居下来。

古人在"曲水流觞"活动中所用的盛酒器——觞

后来，有两位大臣替介子推鸣不平，在晋文公面前提起他的名字。晋文公也恍然想起他来，立即派人去找。然而，介子推和母亲已经离开京城数月了。

经过多方打听，晋文公才知道介子推已经在绵山隐居，又立刻派人到绵山去找。可是，这么大的绵山，到哪儿才能找到呢？

晋文公想，介子推对他的母亲十分孝顺，如果放火烧山，他一定会背着自己的母亲跑出来。不料，大火烧起来之后，始终不见介子推出来。大火整整烧了三天三夜，只见介子推母子俩抱着一棵枯柳，已经被活活烧死了。原来，介子推和母亲宁愿烧死也不愿出来。晋文公感到十分后悔，只好把他们母子俩安葬在绵山上，还建庙祭祀，并把绵山改名为介山。

焚烧绵山这天，正是二十四节气中的清明节的前一天。第二年的这一天又来临了，晋文公下旨禁止生火，自己也吃冷饭，以表示对烧绵山过失的谴责。

后来，人们谨遵晋文公的旨意，在这一天不生火，吃冷饭，并把这一天叫做"寒食节"。这一天，各家各户还在大门旁插上柳枝，以表示对介子推母子的怀念。

当然，这只不过是民间的一种传说罢了。其实，寒食节的真正起源，是源于古代的钻木、求新火之制，以及人们对火的崇拜。

早在远古时期，当人们懂得以太阳和月亮来指示季节以前，曾有过很长一段时间，是以恒星"大火"

介子推塑像

（心宿二）作为示时星象安排生产和生活的。那时候，天上的"大火"和人间的火，被想象为有着某种神秘关系。

每当仲春时节"大火"昏见东方之时，被认为是新年的开始，有一套隆重的祭祀仪式。仪式之一便是熄灭掉去年相传下来的全部旧火，代之以重新钻燧取出的新火，作为新的一年生产和生活的起点，称"改火"。

周代还有改火之举，即根据不同的季节，用不同的工具钻木取火。春天用榆、柳；夏天用枣、杏；秋天用柞、楢；冬天用槐、松，

燧人氏钻木取火，从而开启了人类历史上光辉的一页

一年一轮回。这种一年一轮回的改火，在周朝时已成为一种制度，当时还专门设有管理改火事宜的官员——司烜氏。

据西周时期著名的政治家、思想家周公旦所著的《周礼·司烜氏》记载，当时是由司烜氏摇着"木铎"在街上行走，宣布法令禁火的。司烜氏，就是当时负责管理取火的官员。

那么，"木铎"又是何物呢？

它其实就是一种大铃铛。这个铃铛

蹴鞠，也是清明节期间玩的古老游戏

可不是随便乱敲乱摇的，它只有在朝廷宣布政教法令或有战事时才能使用。因此，禁火在当时不是一件小事情。

后来，人们认为，四季改火，有些过于频繁。因此，在秦、汉以后，便将改火的时间固定在春天了。

在新火未至之时，便禁止人们生火，这绝非儿戏。在当时，无论是王公贵族，还是庶民俗子，都必须遵守这个制度。某家人的炉火有温度，如果把一根羽毛插入炉灰中，羽毛变焦了，就以死罪论处。由此可见，古人对寒食节是相当重视的。

由于旧火与新火不相接，自然会事先做好许多熟食，供改火时食用，久而久之就变成了一种冷食风俗。以后，才与介子推的传说相联系，冷食时间长达一个月。

但是，这种举国长期吃冷食的习俗，毕竟不利于健康，甚至会危及到一些老年人及婴儿的生命。于是，冷食的时间开始逐渐缩短，先从一个月缩减为7天，又从7天缩减为3天，最后从3天缩减到清明节的前一天。

到了明、清时期，"清明"之称多于"寒食"，呈取代后者之势。寒食节的一些习俗，也大都融合到清明节当中去了。到了现代，大多数地方的百姓，早已经忘记了吃冷食的习俗。但在山西、山东的少数地方，仍有禁火或食冷食之俗。

◎ 慎终追远，扫墓祭祖

清明扫墓，谓之对祖先的"思时之敬"。此习俗由来已久，而且是清明节的主要习俗。每当到了清明，家家户户都忙着上坟祭祖。

在我国民间曾经流传着这样一句民谚："三月清明雨纷纷，家家户户上祖坟。"无论城郊还是乡村，清明节祭祖扫墓都显得异常热闹。

春秋战国时期，民间就已经有"吉日良辰，郊祀野祭"的风气。《孟子》里面记载了这样一则笑话说，在齐国有一个无所事事又颇好脸面的穷人。其人外出，常常是醉饱归家，声称自己有诸多富贵朋友，对妻子颐指气使。其妻心中生疑，便暗中跟踪丈夫，发现丈夫并非出入富贵之家，而是乞讨于墓地之间。由此可见，当时已经有了以酒食在墓地祭拜先人的习俗了。

自古至今，清明节扫墓都是宗族间的一件大事

汉代，随着儒家学说的流行，宗族生活的扩大，人们因现实生活的需要，返本追宗观念日益增强。人们对于祖先魂魄托寄的坟墓愈加重视，上坟祭扫之风盛起，如《汉书·严延年传》里记载，严延年即使离京千里，也要在清明"还归东海扫墓地"。就中国人祖先崇拜和亲族意识的强烈来看，严延年的举动是合情合理的。

唐人延续前代祭墓之风，并扩大到整个社会。朝廷以政令的形式，将民间扫墓的风俗固定下来。宋代的时候，朝廷颁布法令，清明节"太学"要放假3天；"武学"要放假一天，以便让师生回家祭祖扫墓。南宋文人吴自牧撰写的《梦粱录》中记载，在古代清明节，无论达官贵族，还是黎民百姓，都有清明上坟、祭祖的风俗，借此表示对先人的敬意和孝思。

到了明代时，民间扫墓与郊游已经结合在了一起。扫墓这天，哭祭完毕，大家并不急于回去，而是找一个

在过去，清明节的扫墓仪式往往与郊游野宴结合在一起

好地方，众人聚在树下，或坐在草地上，摆开刚才祭墓的酒菜，一顿饱食。人人都喝得醉醺醺的，实在是哀往乐返。

对此，明代文人刘侗、于奕正撰写的《帝京景物略》中有过详细的记载："三月清明日，男女扫墓，担提尊榼，轿马后挂楮锭，粲粲然满道也。拜者、酹者、哭者、为墓除草添土者，焚楮锭次，以纸钱置坟头。望中无纸钱，则孤坟矣。哭罢，不归也，趋芳树，择园圃，列坐尽醉。"

随着寒食禁火习俗的松懈，民间扫墓祭祖的时间，也不再安排在清明节当天，而是在临近清明的"单"日举行。据说，只有僧人才在清明节当天祭扫坟茔。

那么，我国民间为什么每年的清明节都要扫墓呢？

想来，这大概是因为惊蛰、春分已过，冰消雪化，草木萌生。于是，人们就想到了自己祖先的坟茔：有没有狐兔在穿穴打洞呢？会不会因雨季来临而产生坍塌的危险呢？

所以说，我们就很有必要去看一看。一方面除一下祖先坟茔上的杂草，给坟上添几锨土；另一方面，在坟头的树枝上挂些纸钱，举行个简单的祭祀仪式，以表示对逝者的怀念和显示后代的兴旺。

祖先的墓地，不仅是人们的生命之根，同时也是感情之结。在传统社会里，人们无论走到哪里，都在牵挂着乡里的庐墓。

时至今日，在全国每一个地区，以及包括有华人居住的海外地区，都保持着在清明节扫墓的习俗。清明祭祖扫墓，其实是中华民族慎终追远、敦亲睦族及行孝品德的具体表现。

清明节期间，妇女上坟多为祭奠过世不久的父母

◎探春踏青好时节

踏青，又名"春游"，古代则称为"探春""寻春""郊游"等。三月清明，草长莺飞，风和日丽，正是踏青的大好时光。很

久以前，我国民间就有了清明踏青的习俗。

在古代，年轻少女们整天被锁在闺房里，是不许随意出门的。可是，到了清明节这一天，这些禁忌被打破了，她们可以自由地

清明节踏青赏春是一个古老的习俗

抛头露面，到郊外去游玩。清明时节，连少女们都能出门郊游，可以想见，参加春游的人数之多了。

清明踏青，应该是起源于上古之时的游春习俗。《论语》中记载了孔子与其弟子子路、曾皙、冉有、公西华谈论志向的一段话："暮春者，春服既成，冠者五六人，童子六七人，浴乎沂，风乎舞雩，咏而归。"曾皙的话，说明了上古之民早就有季春三月野浴、踏青的愿望和习俗。后来的清明踏青，应该说是发源于上古而又继承了古代上巳节祓褉遗风的结果。

到了汉代时，汉武帝曾在清明节这一天，在曲江边上大宴群臣。待酒足饭饱之后，汉武帝在众臣的簇拥之下，在江边游春赏玩。

到了唐代，清明节踏青的习俗更加兴盛。五代王仁裕撰写的

《开元天宝遗事》一书，对当时的"踏青"活动有过非常生动的描写："长安仕女，游春野步，遇名花则设席藉草，以红裙递相插挂，以为宴幄。"意思是说，唐朝都城长安（今陕西省西安市）的妇女，到了清明节这一天，便到郊外去春游。到了郊野，大家要寻找那一片片如茵的草地，然后争先恐后地在草地上设下一张张座位。妇女们还要脱下罩在身外的红裙子，把它们一条挨着一条地披挂在树枝上，作为举行野餐的帷幔（屏障的意思）。

山东高密扑灰年画艺人创作的《赏春图》

妇女们为了玩得尽兴，竟然脱下红裙作为帷幔，其欢愉之状，简直无以言表了。故而民间才会有"女人的清明男人的年"之说。

北宋时期，是我国历史上踏青活动极盛的时期。当时，一些人由于热衷于踏青，甚至淡化了祭扫。时人李之彦在其撰写的《东谷所见》中记载了自己回乡时，看见一些人家"置亲于荒墟"，清明节祭扫只是草草了事，而后"与兄弟、妻子、亲戚、契交放情游览，尽欢而归"。

宋代文人孟元老撰写的《东京梦华录》记载汴京清明之娱乐时说："四野如市，往往就芳树之下，或园囿之间，罗列杯盘，互相劝酬。都城之歌儿舞女，遍满园亭，抵暮而归。"由此可以看出，时人游春之盛况。

到了明、清时期，寒食基本消亡，春季大节除新年之外唯有清明。当时，踏青已是清明节必不可少的一个习俗。

据清代潘荣陛撰写的《帝京岁时纪胜》记载，当时的北京，清明节一到，"倾城男女"纷纷扶老携幼，去往四郊扫墓祭祖。富裕的人家，往往还要用食盒装上准备好的酒菜烧纸，乘车坐轿前往。到了墓地，人们要修整坟墓，往坟头上添

旧时的城里人，在清明节这天往往都会一家老少盛装到郊外踏青

点土等。祭扫完之后，人们就在坟前，将随身携带的各种纸鸢放飞，互相比试各家风筝制作和放飞水平的高低……

古老踏青的习俗，为这个原本有着颇多伤感情怀的节日，增添了许多祥和、欢愉的色彩。

◎插柳、戴柳辟凶邪

清明节前后，柳树已经绿意盎然了。所以，清明节许多人家的门上都要插柳条，孩子们的头上要戴着缀满各种花朵的柳条圈儿，年轻的妇女要采柳叶簪髻。

过去，我国民间曾广泛流传着这样一句谚语："清明不戴柳，死后变黄狗。"由此说明，插柳、戴柳的习俗在过去是非常普遍的。

关于清明节插柳、戴柳习俗的由来，在我国民间有这样一种说法：

中国民间将清明节、中元（七月十五）、十月朔（十月初一），并称为三大鬼节。而清明节正是百鬼并处讨索替代之时，人们一方面祭拜众鬼，另一方面也要防止鬼的侵扰迫害，而防止的办法就是戴柳条。这不仅仅是三月柳枝新嫩，正合时宜，更重要的是柳在人们的心目中有辟邪功能。原来，在佛教传入中国后，人们受佛经的影响，认为柳可以驱鬼，而称柳为"鬼怖木"。

垂柳依依，给春天增添了几分柔美

清明既然是"鬼节"，值此柳枝发芽的时节，插戴柳枝辟邪自然就成为合情合理的事情了。

据唐代段成式撰写的《酉阳杂俎》记载："唐中宗三月三日，赐侍臣细柳圈，带之可免虿虫。"《唐书·李适传》也有"细柳圈辟病"的记载。

到了宋代，清明节插柳、戴柳的风俗大盛。每到清明节来临之时，人们就要到郊外踏青。一些大户人家所乘坐的轿子，四周都要用柳条和花朵装饰起来。这一天，所有人都要在头上戴柳。宋代人这样做，虽然没有排除前代提倡的用柳枝"辟邪"的用意，却融入了要"平分春色"的思想。当时，在民间还流传着这样一句俚语："清明不戴柳，红颜变皓首。"由此可见，宋代人们对这个习俗也非常重视。

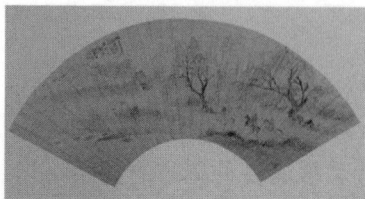
清明时节，戴柳赏春是一个古老的习俗

时人在清明节植树栽柳，仍有怀念与追思的寓意

宋代文人吴自牧撰写的《梦粱录》一书中记载："清明交三月，节前两日谓之寒食，京师从冬至后数起至一百五日，便是此日，家家以柳条插于门上，名曰'明眼'，凡官民不论大小家，子女未冠笄者，以此日上头。"南宋周密在《武林旧事》一书中也记载说："清明前三日为寒食节，都城人家，皆插柳满檐，虽小坊幽曲，亦青青可爱，大家则加枣锢于柳上，然多取之湖堤。"

明、清时期，延续了唐、宋以来清明节插柳、戴柳的习俗。因此有些地方在清明节之前有卖杨柳之俗。据清代文人顾禄的《清嘉录》记载，江苏吴地一带，在清明节这天，满街都是叫卖杨柳枝的小贩。人们将杨柳枝买回去，插在门上以求辟邪。当地的农人，还以插柳日的晴雨来占卜水旱。若这天下雨，则主水涝。谚语"檐前插柳青，农夫休望晴"，说的就是这个意思。

到了20世纪50年代，我国民间的许多地方，在清明节这天仍有在门上插柳的习俗。不过，头上戴柳的习俗已经不见了。而今，在清明节这天，晋南民间仍有少数老年妇女在上坟归来之后，会在自家门前插上一根柳枝，祈祷一年平平安安，家业兴旺。

◎强身练胆打秋千

清明时节，人们在踏青之余，民间还有不少有趣的风俗游艺活动，如打秋千、放风筝、打马球、拔河等等。

在节日中举行这些活动，相传是为了防止寒食冷餐伤身，所以人们参加一些体育活动，以锻炼身体。因此，这个节日是既有祭扫新坟的生死离别悲酸泪，又有踏青游玩的欢笑声，是一个富有特色的节日。

秋千，最早被称为"千秋"。据唐代欧阳询编纂的《艺文类聚》记载：秋千原是春秋时北方一个古老部族山戎的发明。后来齐桓公北伐时，带回来这种游戏。于是，秋千便在我国中原地区逐渐流传开来。

在汉武帝时期，宫中以"千秋"为祝寿之词，取"千秋万寿"之意。以后为了避讳，故将"千秋"两字倒念成"秋千"，这就是今天的名字。古代的秋千多用树的枝丫为架，再拴上彩带做成。后来，逐渐发展成用两根绳索加上踏板的秋千。

清明节打秋千，是儿童最喜欢的游戏之一

秋千在南北朝时期传到了我国的长江流域，成为每年清明节前后的一种游戏，从此相沿成俗。南朝梁人宗懔在其撰写的《荆楚岁时记》中有过记载："春时悬长绳于高木，士女衣彩服坐立其上而推引之，名曰打秋千。"

到了唐代，清明节前后打秋千的风俗更加流行。唐玄宗李隆基是个出名的爱玩乐的皇帝，据五代王仁裕撰写的《开元天宝遗事》记载，每到清明节，皇宫中就要竖起许多秋千架，让嫔妃宫女们尽情玩乐。宫女们身穿彩衣，随秋千凌空上下，宛若仙女从天而降。唐玄宗看得入迷，称之为"半仙之戏"。

宋代以后，随着市民阶层的大量涌现，秋千之戏逐渐在民间普及开来，变成节日中的一个狂

民间年画《百子图》上的轮秋千

欢的节目。如过去山东的一些地区，在清明节前后，老人孩子一齐出动打秋千，极为热闹。

此时，民间还出现了一种"轮秋千"。这种秋千的原理，跟现在游乐场里的"摩天轮"有些相似，可以同时几个人玩。

有些妇女为了图一时之快，疯抢着攀上秋千。当秋千飞转起来之后，她们往往被吓得尖叫不止，甚至吓尿了裤子，成为人们一时的笑谈。

当然，这样的秋千毕竟还是少数。民间广泛流行的，多为普通的秋千。每到清明时节，家中宽敞且家境较好而又好客之人家，即在自家院内或场院内竖起秋千，供自家及邻人打秋千玩耍。

普通秋千与大门相似，顶端横杠上吊着"秋千锯牙"。两个"秋千锯牙"上拴两根绳子，两根绳子下端拴秋千"坐盘"，供打秋千者乘坐。

打秋千的方式主要有三种：坐式、跪式、立式。胆小的妇女与儿童多采用坐式和跪式，其法即屁股坐在"坐盘"或双膝跪在"坐盘"上，由同伴手摇秋千绳将其"送"起来。

胆大的妇女及年龄大一点的孩童，则多采用立式。其法即整个人站在秋千上，由自己驱动或别人"送"起秋千。由于站立姿势比较灵活，双腿便于用力，往往荡得比较高，甚至双足都超越了顶端的横杠。

打秋千的花样也很多，如"一驱一""逛花园""驱双站""串花心"等。有的动作还伴以歌谣，如"桃花开，杏花败，李子开花翻过来。"歌谣与动作配合默契，给人一种赏心悦目的美感。

打秋千，不仅可以锻炼身体，而且还可以培养勇敢精神，至今仍为人们尤其是儿童

旧时，每到清明时节，一些大户人家就会在庭院里架设起秋千架供妇女儿童们游戏

所喜爱。

◎风筝，一个吉祥的精灵

清明时节，孩子们以放风筝为乐

清明时节，春暖花开，万物复苏，天清地明，正是探春踏青、放风筝的好时节。清明节放风筝的活动，早在唐、宋时期就已经出现了，历代承袭成为习俗。

中国是目前世界风筝界公认的"风筝的故乡"，历史非常悠久。在古时，风筝有很多种称谓，如"纸鸢""纸鹞""风鸢"等。一般来说，北方人称其为"鸢"，南方人则称其为"鹞"。

直到五代的时候，有位名叫李邺的户部郎官，在放飞的纸鸢上安装上了竹笛。这样一来，随风飞舞的纸鸢就会在空中发出清脆的鸣声，远远听着仿佛筝鸣一般。随之便出现了"风筝"这一称谓，并沿用至今。

我国历史上最早出现的风筝，并不是今天常见的纸质、绸质或新型复合材料制成的，而是采用木质做成的。

据《韩非子》一书记载，春秋战国时期的著名思想家、科学家墨子，曾花费3年时间，用木板制作了一只"木鸟"。可是，这只"木鸟"只飞了一天就坏了。墨子制作的这只"木鸟"，是我国有史料记载的最早的风筝，也是世界上最早的风筝，距今已有2400多年。

后来，鲁班根据墨子的构思，把竹子劈开削光滑，用火烤弯曲，做成喜鹊的样子，称为"木鹊"，在空中飞翔达三天之久。

唐朝时期，社会逐步走向安定和繁荣。曾经一直被应用在军事方面的风筝，随着传统节日清明节的兴起，开始向民间娱乐型转化。

公元713年，唐玄宗李隆基就曾在山东蓬莱观赏过"八仙过海"风筝的放飞。唐代的风筝制作水平有了很大的提高，宫廷风筝有的

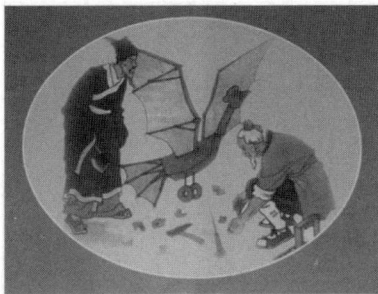

春秋时期的著名思想家、科学家墨子曾花费3年的时间制作了一只会飞的"木鸟"

还采用丝绢来扎制。不仅可以白天放飞，而且到了晚上还可以把五彩灯笼挂在风筝上，放飞到夜空中去。

唐代的造纸技术已经开始普及，物美价廉的纸张成为制作风筝的主要材料，使风筝的制作变得更加简单，价格相对也更加便宜。因此，风筝逐渐变成了深受儿童喜欢的玩具。

到了宋代，民间手工业的繁荣以及宋朝廷对传统节日风俗的大力提倡，都为风筝的发展和成为节日的娱乐活动提供了良好的条件。

风筝的制作工艺与放飞技巧，也得到了进一步的提高和推广。因此，风筝在各地民间的流行和普及，便成为顺理成章的事了。

由于社会上对风筝的需求量加大，使制作风筝成为了一种专门的职业。另外，还出现了一种专门替人放风筝的人，即"赶趁人"。商品风筝的流通，加速了风筝的普及。商品的竞争，促进了风筝向多品种、多花样发展。

在旧时的清明节期间，到处都能看到孩子们放风筝的身影

清代是我国风筝发展的鼎盛时期，尤其是在清朝乾隆、嘉庆年间，由于当时国内政局一度比较稳定，农业生产与城市文化经济得到恢复和发展，统治者为了显示"太平盛世"，也提倡节日活动。放

风筝，已成为当时清明节的一项群众性的娱乐活动。

随着时代的变迁，风筝在民间流传、发展，逐步形成了各自的地方特色，并形成了中国风筝的四大著名产地：北京、天津、潍坊和南通。

清末，是我国传统风筝在内容、题材等方面有较大发展的时期。北京一带，宫廷与民间的风筝发展迅速，不仅制作精良，而且品种繁多。

扎燕风筝

大的风筝可长达数丈，放飞的时候要用特制的架子，固定在地上，由几个人像推绞车一样操纵放风筝。放飞的技术一提高，就玩出"花活"来了。如著名的"太平锣鼓风筝"，架子上安装了风斗，两侧风斗用一轴相连，轴上设置拨片，拨片下设击锤、铜锣、羊皮鼓等。

在宫廷中，也把放风筝作为一项娱乐活动来对待。宫廷风筝的制作，不同于民间风筝。它不计工本，不惜代价，因而选料、制作、绘画等各道工序，都极为讲究；甚至连放风筝用的拐子，都雕刻得极其精致美观。因此，制作出来的风筝，可谓富丽堂皇、姿态万千，是一种高雅精致的艺术珍品。

官灯风筝

辛亥革命推翻了数千年的封建专制统治，在新文化运动的影响下，中国民间风筝的发展出现了一个极大的飞跃。中国民间风筝和其他民间艺术品一样，开始走向世界民间艺术之林。

在清明节这天，大人先带着孩子们去祖茔扫墓，然后再陪孩子们去放风筝。太阳西斜，要回家了。此时，大人们会趁小孩不注意，用剪刀把放

民间年画艺人以放风筝为题材
创作的年画作品《筝飞太平》

飞的风筝丝线剪断，任其飘走。

那么，在清明时节放完风筝之后，大人们为什么要把风筝的牵线剪断，任其自由飘走，从而惹得孩子们不高兴呢？

当然，这是有一定原因的。现在放风筝，我们只知道是一种民间娱乐活动，极少有人去主动剪断风筝线。除非风筝纠缠在高高的树头上取不下来，风筝的主人才会迫不得已剪断风筝线，忍痛将其舍弃。

但在过去，风筝除了作为平常的玩具之外，在清明节这天还是古人用于辟邪的一种"护身符"。将飘荡在空中的风筝放掉，称为"放晦气"。这个古老的习俗，在我国民间流传已久。

旧时，由于生产力低下，科学技术比较落后，人们没有能力抵御疾病以及各种自然灾害的侵袭，只能祈求天赐好运。这种心理表现在放风筝上，就是"放晦气"。

人们先把自己的病痛、不幸、烦恼和灾难等等写在风筝上，进而将其视为灾难、病痛的化身或象征物，然后努力将风筝放得又高又远。此时，再将风筝线有意扯断或剪断，让升空的风筝飘落得越远越好。这就寓意着困扰和不幸已远离自己，故曰"放晦气"。

春风轻抚着广阔的田野，一只只风筝飘舞在蔚蓝的天空上。它们就像一个个吉祥的精灵，用翩翩的舞姿装扮着清明节的天空，也化解了人们心中的抑郁！

◎喜庆好玩的"清明蛋"

清明节画蛋《连年有余》

清明节这一天，在我国民间很多地方都有吃"清明蛋"的习俗。这如同端午节吃粽子和中秋节吃月饼一样，每届是日，此俗必不可少。

鸡蛋，在中国古代文化中是生育与生命的象征。传说，开天辟地的盘古就是在鸡蛋中孕育的。吃"清明蛋"的习俗，是源于古代的上祀节。人们为了婚育求子，将各种禽蛋，如鸡蛋、鸭蛋、鹅蛋、鸟蛋等煮熟，并涂上各种颜色，称为"五彩蛋"。

然后，人们来到河边把五彩蛋投入河里，让它们顺水冲下。等在下游的人们则纷纷争着捞食，据说食后便可以生育。

今天，在我国民间仍有这样的传统习俗，认为煮鸡蛋寓意着新生命的开始。比如，许多地区的妇女在生孩子之后，家人给亲戚乡邻报喜时，送的就是鸡蛋。另外，在北方一些地区，人们在扫墓时，还会故意将蛋壳丢在坟头，象征着"脱壳"，以示生命更新，子孙皆出人头地。

清明节吃煮鸡蛋，除了表达人们对于生命、生育的敬畏与崇信之外，还跟古代的节俗有着紧密的联系。

因为古代的寒食节，往往要禁火多日，给人们的生活造成很大的不便。而煮熟的鸡蛋，既可口又富含营养，是最佳的食品储备。另外，清明日的郊游踏青，煮鸡蛋也是便于携带的食品之一。既然有这么多优点，煮鸡蛋最终成为清明节的主打食品也就不足为怪了。

旧时，清明节的煮蛋不仅仅是用来吃，有些人还将它们作为艺术创作的材料。当时，人们进行创作的手法大致为两种：一种是"画蛋"，另一种是"雕蛋"。画蛋可吃，而雕蛋是专门用来玩赏的。

清明节画蛋《富贵有余》

画蛋，就是先将鸡蛋煮熟，然后用茜草的汁在上面绘出各种花纹图案。初绘无色，但是过数日后，颜色就会显现出来。待剥去蛋壳之后，蛋清上就会显示出精美的图案。雕蛋，就是用刀将整个煮熟的蛋镂空，蛋清和蛋黄依次取出。其雕刻之精细，可谓鬼斧神工。

清明节画蛋、雕蛋的习俗，在清末时期的民间还有流行，而现在基本上已经消失了。

"画蛋"与"雕蛋"是大人们在清明节的娱乐之事，而"斗鸡蛋"则是专属儿童们的游戏了。在清明节的早晨，大人们会把刚煮好的鸡蛋分给孩子们一些。当然，也有鸭蛋和鹅蛋。所分数量的多寡，则由每个家庭的生活条件状况而决定。

孩子们分到煮鸡蛋之后，虽然一个个都垂涎欲滴，但一般不会马上吃掉，而是小心翼翼地挑选出一两枚外壳看似结实、无裂痕的鸡蛋，留作与小伙伴们游戏的"玩具"。

斗鸡蛋游戏的过程很简单，小孩们以煮熟的鸡蛋互顶，谁的鸡蛋先破，谁就算输。这个游戏看起来十分简单，但它可不是孩子们心血来潮的一时之举，而是清明节的一个古老习俗。在众多史料里面，对这个游戏都有过明确的文字记载。

清明节斗鸡蛋的游戏，最早可追溯到六朝时期。梁朝宗懔在《荆楚岁时记》中就有过记载：荆楚之地（今湖湘）寒食日里有"斗鸡、镂鸡子、斗鸡子"的习俗，并转载《玉烛宝典》之文"此节，城市尤多斗鸡卵之戏"。

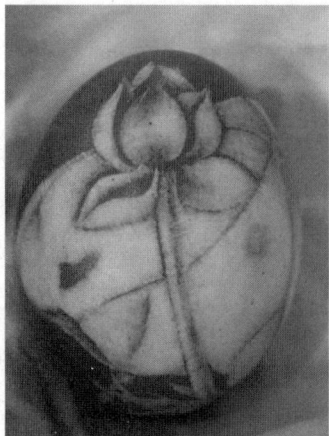

清明节雕蛋

润饼菜

唐代诗人元稹在其诗歌《寒食录》里面，也记录了这一民俗："红染桃花雪压梨，玲珑鸡子斗赢时；今年不是明寒食，暗地秋千别有期。"由此可见，斗鸡蛋虽为稚童游戏之事，却大有来头。

而今，吃"清明蛋"的习俗，仍在我国民间不少地区流传着。但是，斗鸡蛋这个古老的儿童游戏，随着孩子们对鸡蛋这种食品兴趣的减淡，早已鲜见了。

在我国江南一带，在清明节这天有吃青团子的习俗。青团子是用"浆麦草"的汁和糯米粉，包以豆沙、糖和猪油蒸制而成。青团子油绿如玉，清香扑鼻，吃起来甜而不腻，非常可口。

福建的一些地区在清明节这一天，还有吃"润饼菜"的习俗。所谓"润饼菜"，就是"春饼"。相传，开这种吃法之先河的，是明朝云贵湖广军务总督蔡复一。"润饼菜"先以面粉为原料擦制烘成薄饼，食时铺开饼皮，裹上胡萝卜丝、肉丝、芫荽等混锅菜肴即成。"润饼菜"制作简单，吃起来则香润可口。

此外，我国南北各地在清明节这一天，还有食馓子、子推馍、欢喜团、清明螺、清明粑、干粥等多种多样富有营养食品的习俗。

◎植桑养蚕祭蚕神

丝绸，在中国经济史上很早就扮演着重要的角色，因为它是中国对外贸易的大宗。在公元2世纪时，西方人尚不知道蚕丝为何物。当时，居于中亚的游牧民族曾辗转把中国的绢输往西方。对于这些绸缎，西方人误认为它是由一种类似蜘蛛的昆虫所吐出的丝，或由一种树木的内膜流出来的东西编织而成的。

到了汉武帝时期，张骞通西域后，中国的丝绢正式经由新疆的天山南北路大量输出，西方才知道东方有一个"丝绸之国"，而称这条经由中亚的贸易大道为"丝路"。经由"丝路"的东西方贸易，一直持续到唐代中期为止，时间长达1100多年。

在古代，养蚕是妇女们的主要副业之一

而我国的先民，大约在5000多年以前的新石器时代晚期，就已经知道利用蚕丝了。到了商代，蚕丝业已经相当发达。在甲骨文中，不仅有"桑""蚕""丝"等文字，而且迄今发现从桑、从蚕、从丝的字多达100多个，可见蚕丝在当时的影响之广。

江南地区，自古以来就是我国蚕丝的主要产地。每年农历三四月，是江南地区的蚕农采桑养蚕最忙碌的时节。因此，这段时间在过去被称为"蚕月"。

既然养蚕，蚕农们自然渴望多产蚕丝和防止蚕桑病害。然而，在当时的条件下，这些是人力所难以控制的。于是，人们很必然地幻想出一位蚕神来作为精神寄托和行业的保护神。

在清明节来临之时，江南地区的蚕农们除了祭祖、踏青之外，还有一些祭祀蚕神的习俗。蚕乡历史上，曾信奉过黄帝元妃西陵氏嫘祖，称"嫘祖娘娘"。但在民间，人们对此印象却并不深。更多地方信奉的是"马头娘"，亦称"蚕花娘娘""蚕丝仙姑""蚕皇老太"等。

相传，黄帝打败九黎以后，在庆功会上，蚕神前来献丝。这

瓷器上的蚕花娘娘画像

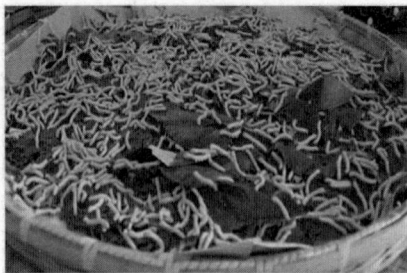
在蚕匾里进食的蚕宝宝

位蚕神像个仙女，披着马皮飘然而降，手里捧着两束蚕丝，一束金色，一束黄色，献给了黄帝。从此，细软的丝绢代替了粗硬的麻布。

这位身披马皮的仙女，就是蚕神马头娘。所以，蚕乡地区的蚕神庙或印制的神祃，一般都是一位古代女子骑在马上，手捧一盘茧子；也有的为一女子戴马头、披马皮，手捧茧子。

最初，蚕乡对蚕神的祭祀十分频繁，如《湖州府志》所述，孵蚕蚁、蚕眠、出火、上山、缫丝等，每道生产程序都要祭祀一番。不过，在后来的传承中，这些祭祀习俗逐渐简化，到了近代则已演变成每年主要有两次了。

一次是在清明前后，蚕蚁孵出的这一天。在祭祀的时候，蚕农先在家中设马头娘神位，或神祃或塑像，将蚕蚁供在神像前，点燃无味的香，供三牲，并虔诚叩拜，称为"祭蚕神"。第二次，是在做完丝或采茧以后，将新丝或新茧陈列于神像前，供三牲、香烛，祭祀叩拜，称为"谢蚕神"。

期间，祭蚕神仪式最为隆重的，当属浙江湖州等地的"轧蚕花"（轧方言音"嘎"）习俗。轧蚕花，主要流行在湖州的含山、善琏、德清县等地。其中，被誉为"蚕花圣地"的含山，是祭祀活动的中心。

传说，蚕花娘娘曾在清明时节化作村姑，踏遍含山的角角落落，留下了蚕花喜气。因此，含山被蚕农视为圣地。

祭祀仪式从每年清明节那天（俗称"头清明"）开始，延续两天，至清明第三天（俗称"三清明"）结束。其中以头清明最为热闹。当时，除了本地的蚕农之外，还有大量的外地游人，多达七八万人。

旧时，蚕农们在参加轧蚕花的活动时，肩上总要斜背一个布包，两头在胸前系一个结。布包的颜色，以"洋红"为主。

中国传统记忆丛书

圖説 老節俗

结满茧子的蚕山

蚕农为什么都要背一个这样的布包呢？

原来，布包里面包着的，是他们自家所育的蚕种。他们背着蚕种上山走一圈，以便让蚕种沾染上蚕神之喜气，从而使孵化出的蚕宝宝能够避除病害，茁壮成长，获得丰收。

此外，含山上下到处都有叫卖"蚕花"的。所谓蚕花，就是一种手工制作的小花，一般用纸做成，也有的用茧壳剪成花瓣状涂色而成。妇女们把蚕花插在衣襟或头发上，男人则买几朵回去，放在蚕房中，或插在蚕具上，以求养蚕吉利。期间，还有拜"蚕花娘娘"、抬"蚕神出会"等民俗活动。

这种在清明节期间祭祀蚕神的习俗，其实是反映了古代劳动人民对蚕桑丰收的一种强烈渴望！

第五章：粽艾飘香，端午升平

◎端午节的传说

农历五月初五是端午节，又称"端阳节""五月节""浴兰节""女儿节"等。它是中华民族古老的节日之一，也是世界海外华人普遍认同、世代遵循的纪念性节日。

端午节的节庆时间，一般固定在每年农历的五月初五。不过，也有的地区将五月初五前后的几天都作为端午节的节庆时间。还有的地区，将端午节庆时间分为两部分，一个是五月初五，又称为"小端午"；一个是五月十五，又称为"大端午"。以前，在湖北、湖南、贵州、四川的一些地方，民间有过两个端午节的习俗，"大端午"甚至更加正式和隆重。

出现大、小端午并行的现象，应该是由各地风俗习惯的差异而导致的，不足为怪。不过，在中国传统节俗文化里面，"大端午"的现象毕竟还是局限于少数地区。因此，我们在这儿只做简单的了解，后文不再细述了。

"端午"一词，最早见于西晋周处撰写的《风土记》一书中：

端午节的起源，与古代吴越地区的龙图腾习俗有关

伍子胥塑像

124

"仲夏端午，端者，初也。"

"端"，就是事物开始的意思。每月都有3个午日，头一个午日称为"端五"。因此，一年12个月的初五都可以称为"端五"。因为在农历中，五月的别称是"午月"，所以"端午"便专指五月五日了。

端午节，是我国南北文化融合的过程中逐步形成的一个节日，流传的地区和民族非常广泛。据现代诸多专家考证认为，端午节是起源于古代吴越地区的龙图腾崇拜，距今至少有四五千年的历史。

古代的吴越民族以龙为图腾，并在自己身上刺上龙的花纹。这种做法，就是为了表示他们"龙子"的身份，以显示其尊贵。

大约是从东汉时期，随着吴越地区的被开发和文化交流的日益频繁，端午这个节日的风俗才逐渐流传到长江上游和北方各地。

当然，古代民众对这种理论上的说法并不认同。他们更愿意以朴素的视角来界定这个古老的节日。

过去，在我国民间流传着许多关于端午的传说。其中较为普遍的有这样几种说法：一种认为端午节是为了纪念战国时期吴国大将伍子胥的。

伍子胥，名员，楚国人。伍子胥之父伍奢为楚平王的大臣，因受费无极谗害，和其长子伍尚一同被楚平王杀害。伍子胥从楚国逃到吴国，成为吴王阖闾的重臣。伍子胥还是姑苏城（苏州城）的营造者。

公元前506年，伍子胥协同孙武带兵攻入楚都，伍子胥掘楚平王墓，鞭尸三百，以报父兄之仇。吴国倚重伍子胥等人之谋，大败越国。越王勾践，成为吴国的阶下囚。

伍子胥曾多次劝谏吴王夫差杀掉勾践，但夫差不听。夫差急于进图中原，率大军攻齐，伍子胥再度劝谏夫差暂不攻齐而先灭越，又遭拒绝。此后，夫差听信太宰伯嚭谗言，称伍子胥阴谋倚托齐国

曹娥投江

反吴，便派人给伍子胥送来一把宝剑，令其自杀。

伍子胥自杀前对门客说："请将我的眼睛挖出置于东门之上，我要看着吴国灭亡。"

夫差闻言大怒，命人用皮革将伍子胥的尸体裹住，于五月五日投入江中。在伍子胥死后9年，吴国为越国偷袭所灭。因此，民间才会有端午节源于纪念伍子胥之说。

另一种传说认为，端午节是为了纪念孝女曹娥的：

曹娥是东汉上虞人，父亲溺死于江中，数日不见尸体。当时孝女曹娥，仅有14岁。她在江边日夜号哭。过了17天之后，她在五月五日这天投江自杀。5天之后，曹娥的尸首竟牵着父亲的尸首，一起浮出水面。由此曹娥故事传为神话，继而相传至县府知事耳中，荆州刺史度尚为其立碑纪念。

孝女曹娥之墓，在今浙江绍兴，后传曹娥碑为晋王义所书。后人为了纪念曹娥的孝节，在曹娥投江之处兴建曹娥庙，她所居住的村镇改名为"曹娥镇"，曹娥殉父之江改名为"曹娥江"。因为纪念曹娥，所以端午节又称"女儿节"。

不过到了现代，在我国民间流传最广泛的一种说法，则是为了纪念战国时期楚国大夫屈原的。

屈原，湖北秭归人，大约生于公元前340年。他在20多岁的时候，就开始从事政治活动，曾得到楚怀王的信任。楚怀王任命他做左徒，这是仅次于宰相的官职，负责国家的内政和外交事务。

当时，楚国经常受到秦国的侵略。楚王和一些没落的贵族主张投

屈原塑像

葫芦形香荷包

降秦国，而屈原却主张联合齐国，一起对抗秦国。开始，屈原的这一主张得到了楚怀王的赞赏。后来，在秦国的挑拨和楚国旧贵族的坚决反对下，楚怀王不再采纳屈原的主张，而且对其日益冷落。

楚怀王死后，他的儿子顷襄王当了国王。他听信旧贵族的挑拨，干脆把屈原流放到外面去了。50多岁的屈原，被迫离开京都到远方流浪。一路上，他看到楚国人民的艰难生活，写下了《离骚》《九歌》等作品，为中国文学宝库留下了不朽的篇章。

公元前278年，楚国京都郢城被秦军攻破了。国破人亡，60多岁的屈原感到异常绝望，他到处奔波、一心救国的愿望落空了。在苦闷之中，他抱着一块大石头跳进了湖南长沙附近的汨罗江。

当地人对屈原的爱国热忱十分钦佩，当听到他自尽的消息之后，纷纷划船来到汨罗江进行捞救。人们还不约而同地将饭团、鸡蛋等食物丢进江里，认为让江里的鱼虫虾蟹吃饱了，就不会咬屈大夫的身体了。还有的人将雄黄酒倒入江里，也是希望能够把蛟龙水兽药晕，以免伤害屈大夫。再后来，人们担心饭团被蛟龙所食，就用楝树叶子包饭，外缠彩丝，逐渐演变成为粽子。

从此以后，每年五月初五，民间就有了龙舟竞渡、吃粽子、饮雄黄酒的风俗，以此来纪念伟大的爱国诗人屈原。

◎激流奋进的龙舟竞渡

龙舟竞渡，又称"赛龙舟""划龙船""龙舟赛会"等，是端午节最典型的习俗之一。龙舟竞渡，不仅有着丰富的社会内涵，而

广州牙雕龙舟

且还有着多彩的活动形式。其规模之大，参加人数之多，在传统娱乐项目当中是非常突出的。

关于龙舟竞渡的起源，我国民间普遍认为与纪念屈原有关。屈原投汨罗江自杀之后，楚国人悲痛不已，纷纷驾船前去打捞屈原的遗体。以后，人们每到五月初五这天，就会划龙舟冲进波涛或激流，象征着打捞屈原的遗体。久而久之，就形成了龙舟竞渡的习俗。

当然，传说毕竟不能作为实据。关于"龙舟"的记载，最早见于先秦古籍《穆天子传》。它记载了在周穆王时，已经有龙舟出现，比屈原投汨罗江的时间要早600多年。

龙舟竞渡活动，其实是古代吴越地区的先民们举行的一种避灾祈福的巫术仪式。在四五千年以前，仍处于原始社会的水乡部落的人民，一直受到蛇虫、疾病和水患的威胁。为了抵御这些天灾，他们尊奉想象中的龙为自己的祖先兼保护神，并把船造成龙形，画上龙纹，每年在端午节之时举行竞渡。以表示对龙的尊敬，也表明自己是龙的子孙、龙的传人。

还有一种说法认为，龙舟竞渡与南方水乡人民的造船习俗有关。古代，水乡造船的时间多选择在每年的三四月间。

新船造成以后，正是梅雨时节，江河湖泊水量开始增多。为了检验新船的质量，大家就约定时间同时试船，让新船经受一下考验。这种试船活动年年举行，规模逐步扩大，规矩也越来越多。后来，人们就把它固定成一民间单项竞技表演了。再后来，干脆确定在每年的五月初五举行竞渡活动。

秦、汉和魏晋之际，虽然龙舟竞渡的活动很少见于史书记载，但是从当时的水事、水战及某些宫廷中水嬉活动中，可以窥

民间剪纸艺人根据端午节龙舟竞渡活动创作的剪纸作品

到这一习俗的发展。如汉武帝修建昆明池，操练水军，就有划船比赛的项目。

到了唐代，龙舟竞渡的活动已经非常兴盛。每当端午之日，人们往往倾家而出，争相去观看龙舟竞渡。当时，就连那些经年深居简出的妇女们，也涂脂抹粉，梳妆打扮一番，赶去一饱眼福。唐代诗人张建封的《竞渡歌》一诗，淋漓尽致地描写出了龙舟竞渡的壮观景象：

鼓声三下红旗开，两龙跃出浮水来；

棹影斡波飞万剑，鼓声劈浪鸣千雷。

鼓声渐急标将近，两龙望标目如瞬；

坡上人呼霹雳惊，竿头彩挂虹霓晕。

这首诗，对一千多年前的龙舟竞渡的情景，作了形象生动的描绘：比赛时，龙舟上彩旗飞舞，旗伞夺目；河中，水浪翻滚，龙舟飞驰；岸上，锣鼓喧闹，万人喝彩。鼓声越来越急，终点越来越近，转瞬之间，龙舟已经冲了过去……

在唐代时，民间龙舟竞渡的活动，一般是由水乡人民自发组织起来进行的。到了五代时期，龙舟竞渡之风愈盛，不仅民间踊跃组织，而且官府也大力提倡。当时，各郡、县、村社都要组织龙舟竞渡活动。

宋、元时期的龙舟竞渡活动也比较活跃。其中一些帝王为了操练水军或进行娱乐，也鼓励划船竞渡。于是，民间端午节龙舟竞渡的活动更加活跃。

南宋文人周密在《武林旧事》一书中，描写了当时端午节西湖龙舟竞渡的情景：陆地水面，观众云集，堤上无置足之地，湖面无行舟之路。龙舟竞渡习俗之兴盛，由此可见一斑。

在进行竞渡比赛的时候，人们还要夺标。哪只龙舟第一个夺

宋代画家张择端创作的《金明池争标图》

中国传统记忆丛书

圖説
老節俗

标，就是胜者。夺标的龙舟不但会得到一定的奖励，而且胜出的团队还会被人们视为英雄。古时候，在黄浦江上进行的龙舟竞渡活动，还会采用活鱼标、活鸭标和正在下沉的铁标。这就为龙舟竞渡的活动增添了更多的紧张性和趣味性。

明、清时期，端午节龙舟竞渡的习俗沿袭前代，仍以南方水乡为盛。明代文人张岱在《陶庵梦忆》中记载："看西湖竞渡十二三次，己巳竞渡于秦淮，辛未竞渡于无锡，壬午竞渡于瓜洲，于金山寺。西湖竞渡，以看竞渡之人胜，无锡亦如之，秦淮有灯船而无龙船，龙船无瓜洲比，而看龙船亦无金山寺比。瓜洲龙船一二十只，刻画龙头尾，取其怒；旁坐二十人，持大楫，取其悍；中用彩篷，前后旌幢绣伞，取其绚。"从这段记述可以看出，当时龙舟竞渡活动的范围之广、声势之大。

清代，珠江流域的龙舟竞渡活动，如日中天盛况空前。清朝嘉庆年间编纂的《广西通志》记载了当时端午节，南宁府百姓争相出门观看龙舟竞渡的情景："远近男女老幼，窜至江涧，珠翠绯紫，横炫夺目。"

清代宫廷经常在圆明园的福海举行龙舟竞渡的活动，清高宗还曾留下"中流九龙舟，谁肯相参差"的诗句。

清乾隆二十九年（1736），台湾的端午节也开始举行龙舟竞渡的活动。清人钱琦的《台湾竹枝词·竞渡》写道：

竞渡齐登杉板船，布标悬处捷争先；
归来落日斜檐下，笑指榕枝艾叶鲜。

当时，台湾知府蒋元君曾在法华寺半月池主持龙舟竞渡友谊赛。现在，台湾每年的端午节仍会举行龙舟竞渡。

在古代，参加竞渡的龙舟都很有讲究。龙舟一般是狭长、细窄，船头饰龙头，船尾饰龙尾，龙头的颜色有红、黑、

明代佚名画家根据时人龙舟
竞渡活动创作的《龙舟竞渡图》

灰等色，均跟龙灯之头相似，姿态不一。

用作竞渡的龙舟，其形制因时代而变化，因地域而不同。据史料记载，旧时西湖上的龙舟，约四五丈长，头尾高翘，彩画成龙形。中舱上下两层，旁列各式旗帜。舟尾插有蜈蚣旗，中舱下层敲打锣鼓，旁坐水手划船。苏州的龙舟分成各色，四角插旌旗。吹鼓手伏在中舱，两旁划手16人。舟尾高丈余，牵系彩绳。

在龙舟竞渡之前，一般都要举行隆重的祭祀仪式。如在屈原投江的汨罗江畔，每年在龙舟竞渡之前，首先要祭奠屈子庙。来自四面八方的男女老幼，抬着龙头，一批一批地汇聚在屈原像下进行叩拜，并供奉粽子、包子、酒水等。然后，主祭人将一条红绸系在"头龙"的头上，由"头桡"将龙头扛到江边洗澡。待洗完之后，将龙头安装到船首，这才开始赛龙舟。

当然，不同的地域，讲究也有些不同。如广东，在端午节前，先要祭拜南海神庙里的南海神之后，才能安上龙头、龙尾，再准备竞渡。福建、台湾等地，需要先到妈祖庙祭拜。而四川、贵州等地，则是直接在河边祭龙头，并杀鸡滴血于龙头之上。

时至今日，龙舟竞渡仍然是端午节期间一项备受人们喜爱的民俗活动

端午节那天，人们聚集在江河湖边。大小龙船装扮得异常华丽，四周都用锦绣披挂，彩旗迎风飘扬。船舱内配有鼓乐班子，吹吹打打，好不热闹。船上搭有亭子，有俊童美女装扮的台阁故事，叫做"龙头太子"。经过一系列赛前的文艺汇演，龙舟竞渡才正式开始。

水面之上顿时鼓声震天，桨橹搅动，一对对龙舟追逐竞渡。而岸上则观者如潮，喊声震天，每一个角落都洋溢着欢乐喜庆的节日气氛。

在元朝末年，随着华侨活动范围的不断扩大，龙舟早已"游"出了"龙的故乡"。泰国、马来西亚、缅甸、朝鲜、日本等国，都陆续出现了龙舟竞渡活动。近年来，龙舟在美国、澳大利亚、新西兰等国日益风行。

◎浸润在岁月里的粽香

粽子，是我国民间端午节时的标志性食品。它就像中秋节的月饼一样，在淡淡的清香里面，总能够勾起人们美好的回忆和遐想。

粽子，最初是用来祭祀祖先和神灵的。我们从粽子的古称"角黍"可溯其源。"黍"原为中国北方的一种农作物，五月成熟。古人用菰叶包上黍米，成为类似祭坛上牛头的形状，作为祭品，称"角黍"。

那么，古人为什么要把粽子包成牛头形状的呢？

这是因为古人认为，动物角是可以让人与神沟通的灵物，所以上古祭祀神灵所供奉之物，均以角为贵，以此来表示祝福，祈求丰年。

粽子是端午节的标志性食品

到了战国时期，因为屈原在人们心目中的崇高地位，粽子又变成了祭祀屈原的物品。后人附会，随之又编造出一些相关的传说。

相传，东汉建武年间，有一个名叫欧回的文人，到江边去祭奠屈原。在江边，他忽然遇见一人。那人自称是"三闾大夫"（屈原），并对他说："世间善心之人送来的食物，都被江里的蛟龙偷吃掉了。你若要送给我食物，可以在竹筒上面塞上楝树叶子，并缚上五彩丝。这两样东西，是蛟龙最害怕的。这样做，它们就不会再捣乱了。"听了之后，欧回便将盛满米的竹筒带了回去，并依照那人所说的去做。他还把这个消息告诉了别人。

从此，世人在制作粽子时，会缚上楝叶和五彩丝。粽子，因为是纪念屈原的祭品，所以被渲染上诸多浪漫主义的色彩。

到了晋代，粽子被正式定为端午节的食品，这一时期，包粽子的原料除了糯米之外，还添加进中药益智仁。煮熟的粽子，被时人称为"益智粽"。南北朝时期，粽子的品种开始增多。人们开始在米中掺杂肉、红枣、赤豆、板栗等，还把煮熟的粽子作为礼品相互馈送。

唐代时的粽子，形状有锥形、菱形之分。我国历史上最悠久的粽子就是长安的"蜂蜜凉粽子"。唐代美食家韦巨源在《食谱》一书中详

旧时，每到端午节时，家家户户都要包粽子

细记载了这种粽子："蜂蜜凉粽子"用糯米做成，无馅。煮熟后将粽子晾凉，吃时用丝线勒成薄片，再浇以蜂蜜与黄桂酱。吃在嘴里，甜美无比，令人百吃不厌。

当时，在长安城里还出现了专门制作这种粽子的店铺，而且当时的制作技艺已经相当成熟。从小在长安城内长大的唐代文人段成式，在其著作《酉阳杂俎》中还提到了"庾家粽子"，赞其为"白莹如玉"。

唐、宋时期，在浙江杭州一带，每年都要举办粽子节。彼时，人们将粽子组搭成亭台楼阁、车船马舟的形状以及各式各样的盆景，气势恢宏，颇为壮观。从这一点可以看出，那时候吃粽子应当是一件非常时尚的事情。

宋代大诗人、美食家苏东坡，在吃粽子的时候也独具一格。他将各种果脯裹在粽子里面，形成了风味各异的杨梅、荔枝、青梅等"果脯粽子"。于是，后人就将苏东坡所吃的这种粽子称为"东坡粽"。

到了明、清时期，民间已采用芦苇叶作粽皮，而且在粽馅中加入了蜜糖豆沙、猪肉、松仁、大枣、核桃

宋代大诗人苏东坡是一位著名的美食家，对粽子的制作也颇有研究

等。这样，粽子就发展到有甜有咸、有荤有素了。

这一时期，粽子更是作为一种吉祥食品。相传，那时候凡是参加科举考试的秀才，在奔赴考场之前，都要吃家中特意给他们包制的像毛笔样的粽子，称为"笔粽"，取其谐音"必中"，是为了讨个吉利口彩。另一种说法，则认为这种笔粽吃到肚子里，胸中会有神来之笔，去考场答卷，能够妙笔生花。

当然，这应该是一种一厢情愿的想法。类似于现在的孩子们在参加考试前，父母早晨总会给他们准备一根油条，外加两个鸡蛋，目的就是为了考试得个"100"分。如果古代科考也是以分数来评定等级，那么说不定油条与鸡蛋也会成为科考前的吉祥食品哩。

科举高中是每一个读书人的梦想，因此出现了食"笔粽"的习俗。这是清代木雕作品《状元游街》

包粽子，是端午节的一件大事。一般是前一天把粽子包好，夜间煮熟，早晨食用。现在包粽子主要是采用荷塘边盛产的嫩芦苇叶，也有用竹叶的，统统称为"粽叶"。

买来的鲜粽叶，需要先放在大盆里用水泡一下，主要是为了洗掉上面的灰尘。不过，若使用干粽叶包，就必须用水浸泡，而且浸泡的时间要长一些。只有这样，才能恢复粽叶的鲜度，从而使叶子变得柔软有韧性。然后，再把干净的糯米用冷水浸泡，以豆沙、大枣、肉等为馅，包成三棱形、方形、枕头形都可以。当然，最传统的还是三棱形的粽子。

除了吃的粽子，还有可以欣赏的粽子。在端午节这一天，心灵手巧的姑娘们，纷纷取出平时珍藏的五色丝线，缠在用硬纸折叠而成的"粽子"上。有的还用硬纸折叠成葫芦、桃子、莲蓬的形状，

昔日的端午节街头,也有很多叫卖粽子的小贩

也缠上丝线。她们用这些精巧美丽的手工艺品来装饰房间,或在朋友之间馈赠,别有一番情趣。

在我国北方一些地区,端午节除了吃粽子之外,同时还有吃鸡蛋的习俗。煮粽子的锅里,一定要煮些鸡蛋。有条件的人家,还要再煮些鸭蛋、鹅蛋。吃过蘸糖的甜粽之后,还要吃蘸盐的鸡蛋"压顶"。据说吃五月端午粽锅里煮的鸡蛋,夏天可不生疮。

东北一带,是由长者将煮熟的鸡蛋放在儿童的肚皮上滚动,然后剥皮让儿童吃,据说这样做,可防止儿童的肚子痛。其实,这只不过是节日里的一种嬉儿游戏罢了。

时至今日,每年的五月初,中国百姓几乎家家都要泡糯米、洗粽叶、包粽子,其花色品种颇为繁多。其中北京粽子、苏州粽子、嘉兴粽子、宁波粽子、台湾粽子等,被视为我国民间的名粽。

千百年来,吃粽子的风俗在中国盛行不衰,而且早已流传到朝鲜、日本及东南亚诸国。

◎蒲剑斩千妖,艾旗招百福

民谚说:"清明插柳,端午插艾。"在端午节,人们把插艾蒿、菖蒲作为重要的习俗之一。家家都要洒扫庭除,将艾蒿和菖蒲插于门楣之上。

有些地区,除了插艾蒿和菖蒲之外,还加以榴花、蒜头和龙船花,俗称"天中五瑞",以辟邪驱疫。关于端午节在门上插艾蒿、菖蒲的风俗起源,在我国民间还流传着这样一个故事:

相传,唐朝僖宗年间,黄巢造反,攻城夺地,杀富济贫。皇帝和官府一面派兵镇压,一面造谣惑众,说黄巢杀人不眨眼,所到之处,鸡犬不留。没有见过义军的老百姓都信以为真,听说黄巢来了

悬挂艾蒿和菖蒲是端午节辟邪求吉的一个古老习俗

之后，都慌忙四处逃难。

这一年，黄巢的义军从山东打到河南，兵临邓州城下。黄巢到城边查看地形，只见成群的妇孺老幼从城内逃难出来。他见一个妇女背着包袱，手拉一个两三岁的小男孩，怀中却抱着一个五六岁的大男孩，感到很奇怪，就下马上前问道："大嫂，你们母子慌慌张张地要到哪里去？"

妇人说："县衙今天挨门传令说，黄巢要来血洗邓州城。男人们都被抓去护城，剩下的老老小小，不如早点逃个性命。"

黄巢把妇女手拉的那个小孩抱起来，问道："你为什么手拉一个小的，怀里却抱着一个大的呢？"

妇女悲痛地说："抱的这个孩子，他的父亲被官兵抓去筑城累死了，他的母亲有病没钱医治，活活耽误死了，只剩下这棵独苗了。手拉这个是我的亲生儿子，万一黄巢追来，我宁肯丢掉自己的孩子，也要让邻居家留下一棵独苗儿。"

黄巢听了，深受感动，就对那个妇人说："大嫂，不要怕，黄巢专和官家过不去。你爱邻居的孩子，黄巢爱天下的百姓。"此时，黄巢见路旁长满艾蒿、菖蒲，就顺手拔了两棵给她，说："有艾不杀！大嫂，你快回城去，暗暗传话，让穷人门上都插上艾蒿、菖蒲。有了这个记号，就不会被伤害。"

这位妇女便返回城里，当天晚上，就转告穷人家都在门上插上艾蒿、菖蒲。第二天恰好是端午节，起义军攻进邓州城，杀了贪官污吏、土豪劣绅，开仓分粮，百姓欢呼。

为了纪念这件事，此后每到端

江南农家门口悬挂的艾蒿与菖蒲

午节，人们都要在门上插艾蒿、菖蒲。这个习俗一直流传到今天，而且从河南一直传到各地，几乎传遍了整个中国。

当然，这不过是民间附会的一个传说罢了。其实，端午节老百姓在门上插艾蒿、菖蒲的习俗，早在先秦时就有了。

艾蒿味辛，是一种芳香化浊药物，不仅能治多种疾病，而且具有强烈的杀菌能力，插在门上，病毒不敢临门，像老虎一样威严，所以又有悬"艾虎"之说。

菖蒲

菖蒲为多年生草本植物，多为野生。中国古人认为菖蒲是玉衡星散落人间化成的，菖蒲花主富贵，其味能使人延年益寿。

菖蒲形状似剑，挂在门上，可以镇压魔鬼和一切邪恶势力。因此，农历五月在我国民间曾被称为"蒲月"。

在端午节这天，我国南方地区还有"沐兰汤"的习俗。所谓"沐兰汤"，就是以兰草煎水沐浴。当然，古时的兰不是现今的兰花，而是菊科的佩兰，有香气。

因此，在晋代的时候，我国民间曾把端午节称为"浴兰节"。后来，由于兰汤不可多得，人们便以平素喜爱的艾蒿、菖蒲来替代了。

民间认为，"沐兰汤"可以去邪气，治疗皮肤疾病

尽管洗浴所用的材料已发生了改变，但"沐兰汤"的称谓却流传了下来。

时至今日，"沐兰汤"的习俗，仍在南方不少地区流行。如广东民俗是用艾蒿、菖蒲、凤仙花、白兰花等花草来煎水洗浴；而湖南、广西等地的民俗，则好用柏叶、大风根、艾蒿、菖蒲、桃叶等煮成药水洗浴。不

中国传统记忆丛书

论男女老幼，全家都洗，据说可以治皮肤病、去邪气。

在过去，采挖草药也是端午节的重要习俗之一。农历五月，正是天气炎热、疾病多发的季节。很多毒蛇害虫，多在五月繁殖活跃起来，容易给人造成危害。五月有"五毒"，为了防御疾病，保持健康，到了五月端午之时，人们便要遍寻百草，采集草药。

民间习俗认为，端午的草木是一年中药性最强的一天。端午遍地皆药，这天最适合炮制。南朝梁人宗懔的《荆楚岁时记》引西汉时期的《夏小正》说："此日蓄药，以蠲除毒气。"

清代文人顾禄撰写的《清嘉录》一书里，曾介绍了苏州"采百草"的习俗：士人采百草之可疗疾者，留以供药饵，俗称"草头方"。药市收癞蛤蟆，刺取其沫，谓之"蟾酥"。还有在端午这天将墨锭塞入蛤蟆口中，悬挂起来晾干，即成"蛤蟆锭"，可以用来治疗脓疮。

民间习俗认为，端午节采挖的草药药性最强。

插艾蒿、悬挂菖蒲、沐兰汤、采药草等习俗，虽然看似迷信，但又是有益于人们身体健康的卫生活动。端午节，实在可算是传统的医药卫生节，是人民群众与疾病、毒虫做斗争的一个节日。

在今天，这些卫生习俗，仍然是值得大力弘扬与传承的。

◎辟邪驱瘟的吉祥佩饰

在端午节这天，我国民间自古就有佩戴吉祥饰物的习俗。常见的吉祥饰物有艾虎、五毒符、五色线、香荷包、朱砂袋等等。其中流传最广、影响最大的，就是五色线和香荷包。

五色线，即用5种颜色的丝线混拧在一起的绳索。五色线，又称"五色丝""长命缕""朱索""百索"等。拴五色线，曾是端午节里一个非常流行的习俗。

汉代应劭撰写的《风俗通》里面写道，在端午之日，人们以五色丝线系在手臂上，名曰"长命缕"，也叫"续命缕""五色缕""朱索"等。端午之日系"长命缕"，可以驱瘟疫、辟鬼邪。由此可见，拴五色线的习俗在汉代就已经出现了，至今已有2000多年的历史。

拴系"五色丝"是一个极为古老的习俗

五色线是由红、黄、蓝、绿、紫这5种颜色的丝线组成的。在佛教和道教里面，五色线是开运宝物。据传统道教的说法，五色分别代表金、木、水、火、土五行，以及东、西、南、北、中五方。

因此，中国古代的人们崇拜五色，以五色为吉祥色。每当端午节的清晨，各家大人起床后的第一件事情，便是在孩子的手腕、脚腕、脖子上拴上五色线。在系线的时候，禁忌儿童开口说话。

五色线不可随意挣断或丢弃，只能在夏季第一场大雨或第一次洗澡的时候，将它们抛到河里。据说，戴五色线的儿童可以避开蛇蝎类毒虫的伤害。将五色线扔在河里，意味着让河水把瘟疫、疾病冲走。

香荷包，又名香囊、香袋、花囊等。佩带香荷包的习俗，在我国民间非常普遍。每逢端午节，尤其是妇女和儿童，都要佩带香荷包。

过去，绣制香荷包是一项重要的女工。每到端午节前夕，无论

时至今日，我国民间许多地区过端午节仍沿袭着拴系"五色丝"的习俗。在这个习俗里面，饱含着浓浓的爱意

是身居闺阁的少女们，还是嫁为人妻的妇女们，都开始动手绣香荷包。香荷包的造型有圆形、椭圆形、方形、长方形，也有石榴形、如意形、桃形等。上面的图案更是丰富多彩，令人赏心悦目，有瑞兽、珍禽、双鱼、十二生肖、花草、蔬菜、瓜果等吉祥图案。

蝙蝠形香荷包

香荷包的前身叫"荷囊"。因为它是挂在腰际的，所以俗称"旁囊"。在早期，制作荷囊的材料多用皮革。到南北朝时期，民间佩荷囊的制度正式确立下来。不过这时候，人们所佩带的荷囊，已经出现了用丝织物制作的荷囊。

到了唐代，人们开始在荷囊里面填充上香料。因此，荷囊这个名字也逐渐被"香囊""香包"或"香袋"给替代了。填充香囊的主要原料除了雄黄、艾叶、熏草之外，还添加了具有芳香开窍的中草药，如山奈、苍术、白芷、麝香、苏合香等。

自唐代起，过端午节时，人们除了吃粽子，插艾蒿、菖蒲之外，还要佩带香囊。以后历代，端午节民间都有佩带香囊的习俗。

清代的香荷包有大量实物传世。大都以丝织物做成，上施彩绣。因制作荷包的质料、造型各不相同，所以名称也不一样。有的造型上小下大，中有收腰，形似葫芦，所以称之为"葫芦荷包"。有的被做成鸡心形，上大下小，俗称"鸡心荷包"。在一些大、中城市，还有专门生产香荷包的作坊。如1935年由北平市政府秘书处编著的《旧都文物略》中记载，当时荷包巷所出售的香荷包，压金刺锦，花样万千。

五毒香荷包

佩戴香荷包颇有讲究，如老年人为了防病健身，一般喜欢佩戴菊花、梅花、桃子、娃娃骑鱼、娃娃抱鸡等形状的，象征着富贵长寿、万事如意、家庭和睦。而儿童则喜欢佩戴飞禽走兽形状的，

旧时，在端午节之日，大人会把缝制好的香包分送给孩子们佩戴以辟邪

如虎、豹子、猴子爬杆、斗鸡赶兔等。

青年人佩戴香荷包更为讲究，尤其是热恋中的情人。那些心灵手巧、温柔多情的姑娘们，都要精心绣制几枚精致的香荷包，赶在端午节前送给自己的情郎。香荷包，宛如一粒粒爱情的种子，在世间播下无数浪漫而动人的故事。

◎悬挂"钟馗"与"驱五毒"

钟馗虽然面貌丑陋，在我国民间却是一位吉祥之神

旧时，在江淮地区，每逢端午时节，家家都要悬挂钟馗的画像。画像上的钟馗，是一个头戴纱帽，身穿袍服，手拿宝剑，足蹬朝靴，一脸"络腮胡子"的奇怪而又有趣的形象。

人们为什么会对面容丑陋的钟馗有好感呢？据说，他能够为民除掉不祥，能"捉鬼"，使人民的生命健康不受邪魔的干扰。

唐、宋时期，钟馗一直都是人们在岁暮时张挂的门神。如《五代史》中所记载的："岁除，画工献钟馗击鬼图。"北宋孟元老在其撰写的《东京梦华录》中也写道："近岁节，市井皆印卖门神、钟馗、桃板、桃符及财门钝驴、回头鹿马、天行帖子。"

那么，古人从什么时候开始把岁暮捉鬼的钟馗请来过端午节了呢？这大概是从清朝乾隆年间开始。

清乾隆二十二年（1757），江淮地区因为瘟疫死了不少人。古代的卫生设施又不够完善，再加上时人普遍比较迷信。于是，在万般无奈的情况之下，人们只好将钟馗请出来施威镇邪。从此，南方民间在端午节时画钟馗像，或自挂或赠人，相沿成俗。

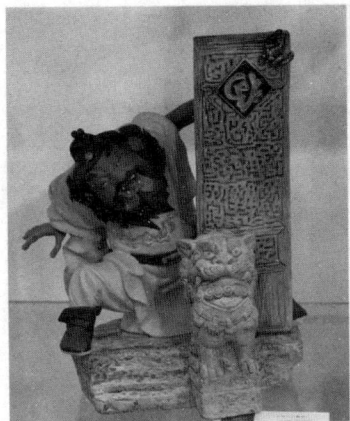
广东石湾陶艺作品《钟馗送福》

因此，钟馗也就成为了端午节不可或缺的一位神仙。同时，他还被世人奉为五月"石榴花之神"，肩负着克制五毒之任。

清人顾禄撰写的《清嘉录》中云："五月，吴地人家堂中挂钟馗画图一月，以镇邪魅。"

后来，钟馗画的题材和内容被人们大大丰富，其表现不仅仅限于捉鬼的情节，而更希冀获得更多的福祉。于是，钟馗画中添加了迎福的成分：画面配上蝙蝠和多种吉祥物，寓意"降福献瑞"；在画面上有柏叶、柿子、蝙蝠，寓意"福自天上来"和"百事如意"的祝愿；手捧酒爵，仰望蝙蝠，象征"晋爵得福"；钟馗举灯而行，意为"正大光明"等等。

近代，有不少画家曾顺应时节，在端午节来临时画钟馗像。这从海派宗师任伯年的许多钟馗画的记款上可见一斑，如："光绪庚辰五月五日写终南山进士像六帧，此其五也，任颐并记""光绪乙酉五月四日山阴任颐伯年""同治甲戌端阳前三日伯年任颐写于沪上客次"等等。可见当时端午节画钟馗、挂钟馗之风甚盛。

农历五月是整个热季的开端，五毒蛇虫开始活跃，魑魅魍魉也会猖獗。所以，在古人的心目中，农历五月是一个毒月，而五日更是毒月中的最毒之日。

这些，都会给人们特别是无所顾忌又无抵抗能力的孩子带来灾难。因此，必须在五月端午这天集中地消灾防毒。

于是，端午节除了祭祀与纪念之外，驱毒除邪也是一项重要的内容。所谓"毒邪"，民间形象地解释为驱"五毒"。

民间泥塑作品中的"五毒"挂饰

"五毒"，则是指蝎子、蜈蚣、毒蛇、蛤蟆和壁虎。民谣说："端午节，天气热，五毒醒，不安宁。"端午节驱"五毒"的真实用意，其实是为了提醒人们防害防病。五月是"五毒"出没之时，因而民间要用各种方法来避免"五毒"之害。

在端午这天，人们大都会在室内贴"五毒图"，以红纸印画5种毒

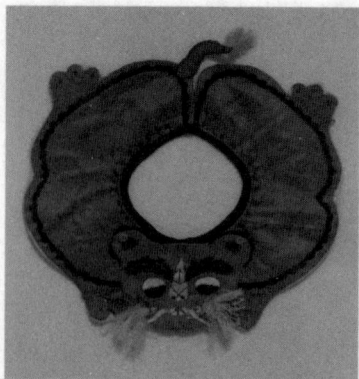
民国时期的虎形五毒纹饰围涎

物，再用5根针刺于"五毒"之上，即认为毒物被刺死，再也不能横行了。这是一种辟邪巫术的遗俗。民间也有在衣饰上绣制"五毒"，或在饼上缀"五毒"图案食用的习俗，均含驱除之意。有的地方则把"五毒"剪成图像，贴在门、窗、炕头上，或系在儿童的手臂上，以避诸毒。

在我国浙江的一些地区，还有画老虎或缝制布老虎的习俗。人们这是借"百兽之王"来镇"五毒"。

此外，在我国民间还有不少地区，是采用剪贴"彩葫芦"的形式来驱除"五毒"。所谓"彩葫芦"，就是用彩纸剪成葫芦的形状，上面大都刻有"五毒"的形象。

东北地区的彩葫芦有纸剪的，也有用糨糊粘贴的。有圆形、方形、菱形等各种式样，下缀彩穗。在端午节当天，人们将彩葫芦倒粘在门槛上，到午后揭下来丢掉，民间习俗认为可以泄毒气。

福建部分地区的习俗与东北类似，早晨将彩纸剪成的彩葫芦倒贴在门上，寓意"毒气倒出之意"。午后，也是将彩葫芦揭下来扔掉。

为了照顾那些家中没有会剪纸的人家，每到农历四月末，市上就

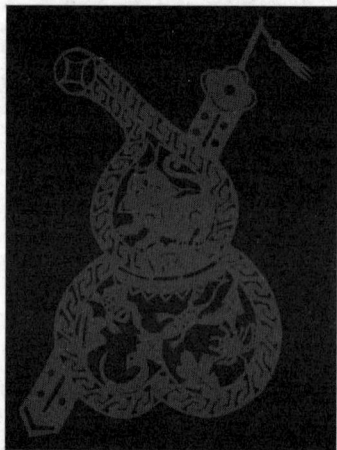
民间用来驱除"五毒"的剪纸彩葫芦

会有卖"葫芦花"的。商贩们四处吆喝:"葫芦花,拣样儿挑——"

这种"葫芦花",就是彩葫芦,贴在一张白纸上。他们除了卖"葫芦花",还出售其他应时剪纸,如朱砂钟馗像、纸老虎以及单张"五毒图"等等。而且在端午节这天,老北京的一些馒头铺,还纷纷售卖应节食品——五毒饼。从市场上这些应景商品,就可以看出老北京过端午节的隆重气氛了。

端午节驱"五毒"的习俗,充分反映了我国劳动人民除害防病的愿望。今天,我们应该继承它的基本精神,开展夏季清洁卫生的活动。但事实上,古人所谓的"五毒",现在看来有的还是不可多得的益虫和良药。

◎饮了雄黄、菖蒲酒,百病都远走

饮雄黄酒和菖蒲酒,也是端午节驱毒祈福的一种传统习俗。雄黄酒,就是用研磨而成的雄黄粉末泡制而成的白酒或黄酒。雄黄,又名"雄精""石黄"等,是一种矿物质,含有三硫化二坤的成分。其性温、微辛、有毒,可以用来做解毒剂、杀虫药等。在古人的眼里,雄黄被认为是可以克制蛇、蝎等百虫的良药。

我国著名的《神农本草经》记载了雄黄及其药理功用。这也表明中国使用雄黄医治疾病,已经有两千多年的历史了。

提起饮雄黄酒,人们或许首先会想起《白蛇传》这个民间故事:许仙于端午节时,以雄黄酒给白娘子喝,白娘子醉酒后显出原形,吓死了许仙。事后,白娘子历尽艰险上昆仑山盗得灵芝仙草,救活了许仙。

旧时,在我国江南的一些地区几乎家家都要酿雄黄酒,以备端午节饮用。不过,酿制的雄黄酒多为男人饮用,有些会喝酒的女人也会适当喝点,而小孩是不能喝雄黄酒的。因此,大人们就用手蘸酒在小孩的面庞、耳鼻、手心和足心涂抹一番。据说这样做,同样可以起到驱毒辟邪的效果。

除了喝雄黄酒,在端午节的中午,人们还要一边喝雄黄酒一边吃黄鳝、黄鱼、黄瓜、咸蛋黄，这在民间俗称"吃五黄"。那么，人们为什么要在端午节这天"吃五黄"呢？

民国时期的年画《白蛇传》之"饮雄黄酒"和"盗灵芝草"故事

因为古人认为，端午节是在农历的五月初五，是一年当中阳气最盛的时候。而中午，又是一天中阳气最盛的时候。因此，在端午节的中午"吃五黄"，便可以利用端午节节气的力量，抑制霉运，提升自身的精力。

现在，"吃五黄"的习俗仍在我国南方一些地区流行。但是。饮雄黄酒已经退出了"五黄"之列。

随着人们生活水平的提高和医疗条件的改善，再加上雄黄的腐蚀性强，如果内服，其实对人的身体危害很大。因此，端午节饮雄黄酒的习俗，已经逐渐退出了节俗的舞台。

菖蒲酒，则是以菖蒲为药料，以白酒或黄酒为原酒制作的一种

老虎须
驱邪纳福

孩子们不饮雄黄酒，而是由大人蘸着在其额头写一个"王"字

药酒。菖蒲酒远在汉代的时候，就已经名噪酒坛，历代皇家都将其视为稀世琼浆，滋补玉液，被列为御膳香醪。据《后汉书》记载："孟陀，字伯良，以菖蒲酒一斛遗张让，即拜凉州刺史。"

孟陀竟然用一斛菖蒲酒，换来一个凉州刺史的官位，这有些令人难以置信。刺史，是一个州的最高长官，其下是掌管一郡之地的太守。刺史与现代的省长平级，而太守则相当于现在的市长。一斛菖蒲酒是否真能换来一个省长，还是另有他因？今日已不得而知。但从中也可以看出菖蒲酒在当时之珍贵。

到了明代，每逢端午节这一天，皇帝除了自己饮用菖蒲酒之外，还要赐给宫眷内臣一起品尝，并要穿上"五毒艾补子蟒衣"，举行隆重的饮酒仪式。

据清代文人潘荣陛撰写的《帝京岁时纪胜》记载，清代也沿袭了这一习俗。每到端午节时，则"君臣痛饮菖蒲酒"。

菖蒲酒，具有提神、化痰、清头明目、轻身坚骨之功效。经常饮用，可以补脑益智、延年益寿。正是因为饮菖蒲酒有这么多的好处，所以这种酒至今仍在我国民间流行。

端午节的习俗，基本都与除灾祛病、强身健体有关。这些习俗，饱含了人们对生活的热爱，对自然的尊重与顺应，也为生活增添了无限的乐趣。

端午节众多辟邪驱毒习俗的产生，最终目的就是希望孩子们能够长得像老虎一样精神强壮

第六章：纤云弄巧，浪漫七夕

◎七夕节的浪漫传说

　　每年的农历七月初七，是中国民间传统的"七夕节"。因为这个节日的参与者主要是女性，而且节日活动的内容又是以乞巧为主，故而人们又称这个节日为"乞巧节""女儿节""少女节"或"巧节会"。

　　七夕节，因为有了"牛郎织女"的传说，平添了许多神秘而浪漫的色彩。不过，七夕节的形成也不全都是受神话故事的影响。其实，它还有很多传说以外的因素。

　　七夕节最早的起源，与古人对自然天象和时间的崇拜有关。由于织女星与牵牛星分别为银河两侧的两颗极亮的星星，所以二者在上古时期就受到人们的特别关注。

古代中国是一个讲究男耕女织的社会，这为"牛郎织女"传说的诞生提供了丰厚的土壤

早在先秦时期的天文学著作《甘石星经》里面，就已经有了对织女星的明确记载："织女三星，在天市东，常以七月一日，六七日见东方。"

而在古人的数字崇拜中，"七"这个数字有着特殊的含义。古人在计算时间时，往往以"七七"为终局。"七"又与"吉"谐音，"七七"又有"双吉"之意，是个吉利的日子。

农历七月初七，既是牛女双星闪耀的日子，又是人间的"双吉"之日，由此逐渐形成一个具有特殊的意义的节日，便成为理所当然的事情了。

后来，随着社会生活的发展，人们的想象力日益丰富，于是将人间的生活投射到苍穹天幕之上，逐渐孕育出了关于织女与牛郎的神话故事。

牛郎织女传说的历史非常悠久，其中跟这个故事有关的天河，即"云汉"，在我国第一部诗歌总集《诗经》里面，就已经有了记载："倬彼云汉，为章天下。"而现在所知，关于牛郎织女传说的最早文字记载，是见于东汉应劭所著的《风俗通》一书中："织女七夕当渡河，使鹊为桥。"另外，汉代古诗《迢迢牵牛星》对这个传说则作了更为细致的描写：

迢迢牵牛星，皎皎河汉女。

纤纤擢素手，札札弄机杼。

终日不成章，泣涕零如雨。

河汉清且浅，相去复几许？

盈盈一水间，脉脉不得语。

虽然在这些文字里面，都没有直接提到牛郎的名字。但是根据诗文的意思，我们可以看出，当时的织女已经开始和牛郎在鹊桥相会了。

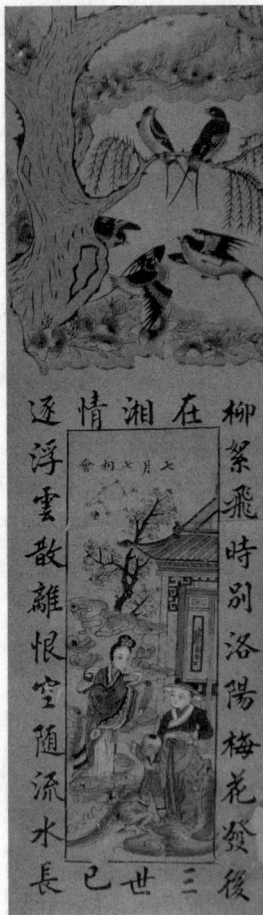

清代山东高密扑灰年画
《牛郎织女》

在我国历史上，最早提到牛郎这个名字的是南朝梁代文人吴均。他在《续齐谐记》一书里，记载了这样一个故事：桂阳人成武丁由于常年修炼，得道成仙。他于七月七日奉天帝之命召回天宫，说是因为这天织女将会牛郎。

这个故事描写得活灵活现。由此可见，在南朝梁代时，牛郎织女的传说已经深入人心。

而在我国民间流传的牛郎织女的传说，要远比这些古籍中所收录的内容精彩和丰富：

相传在很早以前，在南阳城西的牛家庄有一个名叫牛郎的小伙子。他忠厚善良，父母早亡。因此，牛郎只好跟着哥嫂一起生活。

嫂子马氏为人狠毒，经常虐待牛郎，逼他干很多的活。有一年秋天，嫂子逼牛郎去放牛，只给了他9头牛，却让他等到有了10头牛的时候才能回家。牛郎无奈地赶着牛出了村。

牛郎赶着9头牛进了山，然后坐在树下的一块大石头上伤心落泪。因为，他不知道自己什么时候才能赶着10头牛回家。忽然，一个白胡子老翁出现在牛郎的面前，并询问他为何伤心。于是，牛郎就把自己的遭遇告诉了老翁。

老翁听了之后，便笑着对他说："别难过，在伏牛山里有一头病牛。你去好好喂养它，等它病好之后，就可以赶着10头牛回家了。"老翁说完话，转眼就不见了。

牛郎翻山越岭，终于找到了那头生病的老牛。老牛病得很厉害，牛郎便去割最新嫩的草喂它。一连喂了3天，老牛有了一点精神之后，竟然开口跟牛郎说起话来。

原来，老牛是天上的灰牛大仙，因为触犯了天规被贬到凡间，摔伤了腿，无法活动。牛郎精心照料那头老牛，白天为他采露水治病，晚上就依偎在老牛身旁睡觉。经过一

现代年画《牛郎织女图》

个多月的悉心照料，老牛的病痊愈了。牛郎高高兴兴地赶着10头牛回了家。

可是，嫂子仍对他不好，曾几次要加害他，都被老牛暗中化解了。嫂子最后恼羞成怒，将牛郎赶出了家门。牛郎只要了那头老牛做伴。

一天，天上的织女跟诸仙女一起下凡游玩，在河里洗澡。在老牛的帮助下，牛郎认识了织女，两人互生情意。后来，织女偷偷下凡，来到人间，做了牛郎的妻子。织女还从天上带来天蚕分给大家，并教大家养蚕、抽丝，织出又光又亮的绸缎。

牛郎和织女结婚之后，互敬互爱，先后生下一男一女两个孩子，一家人生活得很幸福。然而好景不长，这件事情很快让天帝知道了，王母娘娘亲自下凡来，强行把织女带回天上，恩爱夫妻就这样被拆散了。

牛郎上天无路，最终还是老牛帮助了牛郎。当时，已经奄奄一息的老牛对牛郎说，等它死后，可以用它的皮做成鞋，穿着就可以上天了。话说完不长时间，老牛便咽了气。牛郎按照老牛的叮嘱去做，穿着用牛皮做的鞋子，牵着自己的儿女，一起腾云驾雾去追赶织女。

眼看就要追上了，孰料王母娘娘竟拔下头上的金簪一挥，一道波涛汹涌的天河出现了。

牛郎织女的故事在中国可谓家喻户晓，影响颇深。这是清代巧手妇女以该故事为题材刺绣的枕顶

从此，牛郎织女被隔在天河两岸，只能相对哭泣。他们忠贞的爱情感动了天下的喜鹊，千万只喜鹊飞来，搭成鹊桥，让牛郎织女走上鹊桥相会。王母娘娘对此也感到很无奈，只好允许夫妻俩在每年的七月七日于鹊桥相会了。

后来，农历七月初七也就成为人们纪念牛郎和织女相会的日子。每到这一天，姑娘们就会在花前月下，抬头仰望星空，寻找银河两边的牛郎织女双星。她们希望能够看到牛郎织女一年一度的相会，乞求上天能让自己像织女那样心灵手巧，祈祷自己能有称心如意的美满婚姻，由此而形成了七夕节。

那么，现在从科学的角度分析，在银河两边的牵牛星和织女星，有没有相遇的可能呢？

天文学家告诉我们，这两颗星星永远都没有相遇的机会。牵牛星和织女星同太阳一样，都是恒星。不过，织女星的光辉是太阳的50倍，牵牛星是太阳的9倍。因为距离我们地球极其遥远，所以我们看上去只是两颗比较大而亮的星星而已。

这两颗星的距离，如果用公里来表示的话，要在14后面跟上13个"0"呢！宇宙中速度最快的是光线，它每秒钟能飞30万公里。然而，就是这样神奇的速度，从牵牛星飞到织女星至少要14光年。

但是，勤劳、淳朴的古代人民，即便是了解这个事实，恐怕也无法抵消他们对牛郎织女的美好情愫。千百年来，每到七夕之夜，人们都会不由自主地仰望天上的繁星。人们对牛女双星，充满了无限的敬仰，并渴望它们能够给世间带来吉祥和平安。牛郎织女神话的广为流传，愈加推动了七夕节文化的传播与发展。

◎祭拜织女，一场美丽的盛会

在古代，人们对七夕节很重视，节前要张灯结彩，搭乞巧楼，女人孩童都要换上新衣服。这天晚上，首先要在乞巧楼上披挂彩绸，然后供奉各类糕点和瓜果，并焚香。其次，参加的人要望月瞻斗，依次列拜，祭祀牛郎、织女双星，之后才正式乞巧。譬如南方一些地区，在七夕节这天举行的"迎仙""七姐会"等仪式，其实都是乞巧前的一种准备仪式。

拜织女，应该说是一件纯由女人来做的事情。她们大都是预先和自己的朋友或邻里约好，一般五六人，多至十来人，联合举办。

七夕之夜，拜织女前，她们先沐浴。沐浴后，换上她们夏季的盛装，还要进行精心的梳妆打扮。她们以胭脂水粉抹脸，以凤仙花汁染指甲，再梳理出各种各样的发式，戴上戒指、耳环等饰物，真是秀美可爱。平时，姑娘们是不能梳发髻的，只有七夕这天可以把辫子梳成发髻。经过一番精心打扮，这才高高兴兴地到操办者家里去。

古代女子在七夕节祭拜织女时，都要一身盛装，且经过精心梳妆

姐妹几人聚集户外，设小几案，上置简单的时令水果、七夕巧果等。大家轮流在案前，对天上的牛女双星焚香礼拜，并且默念自己期盼的心事——少女不外乎希望自己长得更加漂亮或嫁个如意郎君；少妇们则希望自己能够早生贵子或得到丈夫公婆的宠爱。

而后，参加祭拜的妇女们一面吃花生瓜果、喝茶聊天，一面玩乞巧的游戏。自古以来，在我国人民的心目中，织女不仅是一位象征着圣洁爱情的女神，而且还是一位心灵手巧、美貌动人的仙女。自然而然，她就变成了华夏女性心中的偶像。

千百年来，人们除了向织女乞求智巧之外，容貌、婚姻、生育也是必不可缺的主题。因此，在古老而浪漫的七夕节里形成了许多求美乞爱以及求子的习俗。

福建等地的妇女在祭拜织女时，还要为织女摆上两盒脂粉。待祭拜完之后，把祭献给织女的花粉分成两半，一半投于屋上给织女用，余下的留为己用。她们相信，使用与织女共享的化妆品，可以保持自己的青春美貌。

广东、浙江一带的妇女们喜欢到溪流或河水里洗浴"天河水"，可使容颜美丽，头发黑长。不少地方还有这样的传说，认为七夕夜至翌日清晨，草上的露珠、雨珠是牛郎与织女相会时洒下的泪珠，若用来搽洗脸庞和长发，可以面容更秀美，头发更漆黑。

与求美紧密联系的，就是求

相传，牛郎织女相会落下的眼泪会变成喜雨，淋在谁的身上，谁就能获得幸福

婚姻、爱情美满的习俗。过去，在南方不少地区，姑娘们在七夕这天，有用槿叶汁兑水洗发的习俗，认为这样可以年轻美丽，早日找到如意郎君。

在广东一些地区，若七夕夜下起小雨，妇女们会不约而同地坐在露天下淋天上的细雨。传说，这雨是双星相会的喜泪，淋到身上，则一生都无别离之苦。在香港，则拜"姻缘石"，向织女求爱情、婚姻美满，期望早得好丈夫。

由于织女具有爱神的神性，人们引申开去，又认为她可以庇护少儿，主管生育。晋代文人周处编撰的《风土记》一书中，就有过记载：七夕，无子者可向织女"乞子"。

种生求子，便是乞子的一种方式。在七夕节之前，那些期待生育的妇女们，将绿豆、小麦、小豆等浸泡在碗里，等它们长出芽来之后，再以红、蓝丝线将它们扎成一束，称为"种生"，又叫"五生盆"或"生花盆"。妇女们以这种方式，作为得福得子的象征。

旧时，广东一带，在七夕节乞巧时，多要供奉各种儿童形象的泥偶。这种习俗，与宋、元时期的"磨喝乐"有一定的关系。

磨喝乐，亦称"摩睺罗"，其实这个在佛经里的译名指的就是"泥娃娃"。那些希望生小孩的妇女便会买回家去，在七夕之夜用其来祭拜织女。

宋代妇女祭拜织女时使用的泥偶"磨喝乐"

据南宋周密的《武林旧事》记载，两宋时期，每年的七夕节，无论是达官贵人，还是平民百姓，都用"磨喝乐"来供奉牛郎与织女，借此来实现"乞巧"和多子多福的愿望。

追求爱情、幸福和美丽，是七夕节风俗中一个永恒不变的主题。或许，正是因为这个原因吧，现代的人们才会把这个古老浪漫的节日视为中国的"情人节"。

◎乞一双巧手绣芳华

乞巧，是古代妇女在七夕节里的一项重要活动

乞巧，是七夕节的主要活动，所以七夕节又称之为"乞巧节"。所谓"乞巧"，就是妇女们向织女乞求智巧的意思。

在我国民间传说里面，织女是一位身怀奇能百巧的女红高手。她在人间时，曾把超群的织锦绣花技术传授给大家。所以，到了七月七日，各地的妇女们都趁着她和牛郎团圆的时候，向她"乞求"。

乞巧这一习俗，其实是古代妇女们对心灵手巧技艺的一种向往。乞巧的习俗，大约在汉代的时候就已经出现了。东晋葛洪撰写的《西京杂记》中有"汉彩女常以七月七日穿七孔针于开襟楼，人俱习之"的记载。这是在我国古代文献中所见到的最早的关于乞巧风俗的记载。

南朝梁人宗懔的《荆楚岁时记》则记载，每年的七月七日民间妇女都要结彩楼，穿七孔针，或以金银石为针，在庭院里供奉瓜果以乞巧。由此可见，当时七夕节乞巧已经成为社会上普遍的风俗。

乞巧用的针，就有双孔、五孔、七孔、九孔之多。七夕晚上，姑娘们手拿丝线，对着月光穿针，谁先穿过就能"得巧"。

乞巧的针是特制的，平日里是不能用来缝衣的。宋人罗烨、金盈之在《醉翁谈录》里谈到巧针时就说："其实此针不可用也，针褊（细小）而孔大。"

喜蛛应巧，也是较早的一种乞巧方式。它稍晚于穿针乞巧，大致起源于南北朝时期。但历代验巧之法，略有不同。

在唐代的后宫当中，七夕节乞巧是一个极为庄重的活动

如南北朝时，要视网之有无。梁人宗懔在其撰写的《荆楚岁时记》里说："是夕，陈瓜果于庭中以乞巧。有喜子网于瓜上则以为符应。"

唐朝时，则视网之疏密。五代王仁裕撰写的《开元天宝遗事》中记载：唐玄宗与妃子每逢七夕在华清宫夜宴时，宫女们各自以小蜘蛛放在盒里，看第二天是否结网，或结网疏密，或网是否圆正，来证明得巧没有。若有网、密实或圆正，便象征着得巧。

这一习俗在民间经久不衰，代代延续。而后世一般遵唐俗。如北宋孟元老在其撰写的《东京梦华录》中说："七夕，以小蜘蛛安盒子内，次日看之，若网圆正谓之得巧。"南宋周密在《乾淳岁时记》也有记载："以小蜘蛛储盒内，以结网之疏密为得巧。"

宋、元时期，七夕乞巧相当隆重，京城中设有专门出售乞巧物品的市场，时人称为"乞巧市"。

宋人罗烨、金盈之在《醉翁谈录》里说："七夕，潘楼前买卖乞巧物。自七月一日，车马嗔咽，至七夕前三日，车马不通行，相此壅遏，不复得出，至夜方散。"

在这里，从乞巧市购买乞巧物的盛况，就可以推想出当时七夕节乞巧的热闹景象。人们从七月初一就开始置办乞巧物品，乞巧市上车水马龙、人流如潮。到了临近七夕的时日，乞巧市上简直成了人的海洋，车马难行，规模盛大。这也说明了，乞巧节是古人最喜欢的节日之一。

但在明、清以后，更流行"丢巧针"的游戏。在七月七日这天的上午，妇女们盛一盆水放在日头下曝晒。然后，她们各自投绣针，使之浮在水面之上。于是，水底下便映出针影。若针影呈现出花瓣、鸟兽影子的形状，或鞋、剪刀影子的形状，即为"得巧"；若水底的针影粗如锤、细如丝、直如蜡，则是手拙的象征。

"针能浮水"，这个有趣而不可思议的活动，在明人刘侗、于奕正撰写的《帝京景物略》、清人顾禄的《清嘉录》、让廉的《春明岁时琐记》等书里面，都有详尽的记载。其中，《清嘉录》记载的是苏州地区"丢巧针"的习俗。在"丢巧针"的头一天夜晚，就要把这碗水准备好，置于庭中承受露水。到第二天七月初七日出时晒之，等水面生膜后便开始丢针乞巧的活动。

古代妇女丢巧针乞巧

满族妇女还用"松针"，即松树的叶子来替代绣花针在七夕节乞巧，称为"掷花针"。这一风俗，在清宫里面尤为盛行。

由于我国南北风俗习惯上的一些差异，全国各地妇女乞巧的方式也是千姿百态。有的地方采用喜蛛乞巧，在小盒或小盆中放入喜蛛。次日早晨，以喜蛛结网的疏密来定巧拙。如果结得密实，则意味着得巧。

有的地方有吃"巧巧饭"乞巧的习俗。7个要好的姑娘一起合伙包饺子，把一枚铜钱、一根银针和一个红枣分别包到3个水饺里面。然后，她们一起吃水饺，传说吃到钱的有福，吃到针的手巧，吃到枣的早婚。这一乞巧的方式，跟正月初一吃饺子的风俗类似。

有的地方在桌案上摆一盆水，水里面浸着瓜果。乞巧的人手里拿着一面镜子，谁把月光（或烛光）从镜子里映到水盆里的瓜果上，谁就算是得了巧。

还有的地方在七月七日中午，把事前生好的"巧芽"（豌豆芽），

喜蛛验巧，也是古代妇女乞巧常用的一种方式

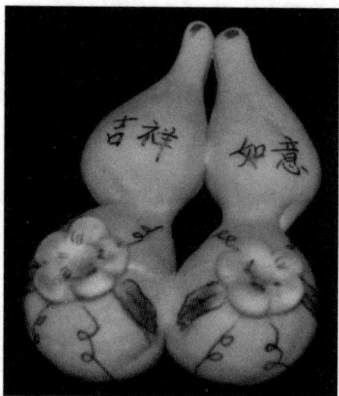
巧手妇女蒸制的"吉祥如意葫芦"花饽饽

用手摘下来，投在水盆里。在太阳光的照射下，谁的巧芽影子像针、剪、花、鸟、鱼、虫者，谁的手将来就会变巧。为此，在我国民间还流传着这样一首歌谣："巧芽芽，生得怪。盆盆生，手巾盖。七月七日摘下来，姐姐妹妹照影来。又像花，又像菜，看谁心灵手儿快。"

乞巧，真的会使人变得心灵手巧吗？当然是不会的。这一活动，只能说明我国妇女自古以来就有一种追求智慧、热爱生活的强烈愿望。

而另一项与乞巧风俗密切相关的活动——"斗巧"，则是民间妇女们比拼手艺的真正舞台。妇女们相互比赛穿针引线、蒸巧饽饽、烙巧果子、做巧芽汤，以及运用刺绣、面塑、剪纸等手艺来制作各种装饰品等。谁的手艺好，谁就得巧。

在过去，由于受封建礼教等诸多因素的影响，家庭妇女们尤其是那些仍守在闺房中的女孩们，参加社会活动的机会非常少。而"斗巧"这一习俗，除了使她们能够相互切磋技艺之外，还给她们的生活带来了浓浓的娱乐情趣。

◎文人学子祭魁星

旧时，七夕节的活动大都是由妇女参加的。而祭拜魁星的仪式，则是属于男人们的"专利"了。尤其是那些希望通过科举考试而获得功名利禄的读书人，对这项仪式更不能有丝毫的马虎。

魁星爷，就是"魁斗星"，即二十八星宿中的"奎星"。它是北斗七星的第一颗星，也叫"魁星"。

在古代，魁星被人们附会为主宰文人命运的神仙。加之民间传说七月七日是魁星的生日，因此，那些梦想功成名就的读书人，一定要在七夕这天祭拜魁星爷，祈求他保佑自己"考运"亨通。

东汉时期，我国民间就已经有了"奎主文章"的信仰，并常以"奎"称文章、文运。由于"魁"与"奎"同音，并有"首"的意思，所以科举取得高第也称为"魁"。于是，又有了"经魁""五魁"的说法。科举考试进士第一名"状元"，又称"魁甲"；乡试考中的举人第一名称"解元"，又称"魁解"。这些称谓的来历，都是因为魁星主掌考运的缘故。

民间供奉的魁星塑像

人们把魁星看作是吉祥、喜庆之神，因此在全国各地大修魁星楼、魁星阁，并雕塑了大量的魁星像。

明代佚名画家所绘的《科场考试图》

那些从来没有见过魁星造像的人，或许会这样认为：既然魁星是主管天下功名科举的，那么他一定是一位长相文质彬彬的白面书生吧？

其实恰恰相反，魁星面目狰狞，金身青面，赤发环眼，头上还有两只角，整个人就像是恶鬼的造型。这魁星右手握一支大毛笔，称"朱笔"，意为用笔点定中第人的姓名；左手持一只墨斗，右脚金鸡独立，脚下踩着一条大鳌，意为"独占鳌头"；左脚摆出扬起后踢的样子，以求在造型上呼应"魁"字右下的一笔大弯勾，脚上是北斗七星。

不过，有些地方的魁星爷造型比较温和，没有把他刻画成恶鬼的形象，而只是塑造成一个相貌丑陋的男子。那么，古代读书人百般供奉的魁星爷是如何而来的呢？

传说，魁星爷生前长相奇丑无比，脸上长满了麻子，又是个跛脚。然而，这位魁星爷却志气奇高，发奋用功。后来，他竟然高中状元。皇帝在殿试的时候，问他为何脸上全是麻子，他回答道："麻面满天星。"

中国传统记忆丛书

图说
老節俗

旧时，在全国各地建有很多这样的魁星阁

皇帝又问他为何跛了脚，他回答道："独脚跳龙门。"皇帝很佩服他的才志，欣然录取了他。

不过，在我国民间还流传着一个与其内容完全相反的故事：

相传，魁星爷生前虽然满腹学问，但是因为他相貌奇丑，所以每考必败。为此，他悲愤异常，便投河自杀了。岂料，他竟被一只千年神鳌救起，并升天成了魁星。因为魁星能够左右文人的考运，所以每逢七月七日他的生日，读书人都要郑重地祭拜他。

人们在祭拜魁星爷时，首先要用纸糊一个纸人（魁星爷）：高二尺许，宽五六寸，蓝面环眼，锦袍皂靴，左手斜捋垂胸红髯，右手持朱笔，置案上。

在所有祭品当中，必须准备一个公羊头。羊头还必须留须带角，待煮熟之后，在两只羊角上系上红纸，然后放在盘中，供奉在魁星爷像前。其他祭品茶酒则可以随便。

祭拜魁星爷的仪式是在晚上进行。待燃放鞭炮、焚香礼拜完毕，人们就在香案前围坐会餐。在席间，人们大都要玩一种"取功名"的游戏助兴。

161

"五子登科"，是古人精神世界里的一个美好祈愿

这种游戏很简单，就是取3种不同的干果，分别代表状元、榜眼、探花三鼎甲。然后依次将3种干果在桌子上滚动，干果滚到谁的面前，就意味着谁取得了"功名"，谁就要喝酒。这个游戏，显然是将世间所谓的"功名"给游戏化了。其实，这更像是一种应时的行酒令。

人们在酒足饭饱之后，把纸糊的魁星爷造像连同纸钱一起焚烧掉。至此，祭拜魁星爷的仪式也就全部结束了。

◎ "观天河"与"听私语"

"观天河"，也是七夕节的一个非常古老的习俗。天河，即银河。在晴朗的七夕之夜，天上繁星闪耀。

在农历七月七这天，天下的喜鹊在天河上搭桥,让牛郎织女在鹊桥上相会

一道白茫茫的银河，像一座天桥横贯南北。在河的东西两岸，各有一颗闪亮的星星，隔河相望，遥遥相对，那就是牛郎星和织女星。

大人带着孩子们，或坐在庭院里，或站在村口，一边仰望着白茫茫的银河，一边给孩子们讲述牛郎织女的美丽传说。

那一颗颗闪亮的星星，就像一粒粒神奇的种子，植入孩子们的心灵。让他们对那些遥远的星星充满了神秘和敬畏之感，并萌生出对知识的渴求。

七夕之夜观天河，据传还有另外一种意义，那就是天河明显，这一年收成就好，粮价就低；天河晦暗，这一年收成就不好，粮价就贵。有的地区，还会在这一晚举行"青苗会"的仪式，祈祷庄稼丰收。因而在诗歌里面，才会有"天河司米价"的诗句。这也表明了古代人们对观天河风俗的重视。

据传，在七月七这天晚上，是牛郎织女相会的日子。他们会在鹊桥上见面，这天晚上所有的喜鹊都去给他们搭桥圆梦了。因此，

银河相隔的牛郎、织女双星,实际上隔着14光年的距离

在夜深人静之时，人们坐在葡萄架底下或者瓜棚下面，就能听到牛郎织女说话的声音。这个风俗，就叫"听私语"。

浩瀚的夜空，繁星点点。美丽的织女和憨厚的牛郎，将在这个夜晚相会。据说，有心的男女，可以听到他们窃窃的私语，享受爱的启蒙。

那么，人们真的能听到牛郎织女诉说衷情的声音吗?

这当然是不可能的。但是千百年来，这个风俗流传了一辈又一辈，人们宁愿相信这是真的。

因为在如此美好的夜晚里里，整个世界都是一片静谧。在这样的环境之下，人们的心灵除了美好的遐想和渴望，还能有什么呢?

这个习俗，或许也表达了那些情窦初开的少男少女们，对美好爱情和生活的渴望吧!

◎馨香的巧果与巧饼

七夕节的饮食风俗，各地不尽相同。一般都称其为"吃巧食"，各地巧食的内容有瓜果和各式面点。其中，巧果是七夕最具代表性的食物之一。又名"乞巧果子""巧饽饽""巧花"等，款式极多。巧果的主要材料是油、面、糖和蜜。其做法也很简单：先将白糖融为糖浆，然后加入面粉、芝麻，拌匀后摊在案子上擀薄；晾一会之后，用刀切成长方块，最后折叠成菱形巧果胚，入油炸至金黄即可。手巧的女子，还会捏塑出各种与七夕传说有关的花样。

巧果子的历史十分悠久，据北宋文人庞元英的《文昌杂录》记载，唐代时七夕的节食就已经是

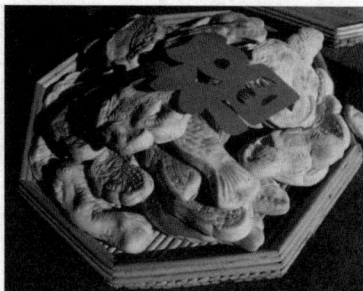

巧饼,是七夕节的标志性食品

"乞巧果子"了。宋代时，巧果又被
称为"笑靥儿""果食花样"等。
当时，在一些大、中城市的街市上，
出现了专售七夕巧果的商贩。人们
若购买一斤巧果，还会获赠一对身
披铠甲，如门神一样的人偶，时称
"果食将军"。

据说吃了巧果，小女孩就会心
灵手巧。因为"巧"与"桥"谐音，
七月七吃巧果，牛郎织女就能在鹊

小篓榼子

桥相会，所有心愿都能通过"巧"（桥）来实现，好运连连。

七夕节这天，在我国民间的许多地区，还盛行烙巧饼的习俗，
并流传至今。巧饼，又称"馇花"。

巧饼，不像民间其他类型的面塑那样需要心灵手巧的人才能够
做得出来。因为制作巧饼有面模，大人小孩都可以借助面模来制作
巧饼。

面模，民间俗称"榼子"，一般都是用梨木、苹果木等雕刻而成
的，其中也有用泥巴烧制而成的。

工匠们首先根据要加工的巧饼的外形，在木板上凿出合适的凹
坑，并在内壁刻画出适宜的纹理图案。带手柄的椭圆形、圆形或正
多边形的模板，一般只雕凿一个大模，一次可以加工出一个巧饼。
而那些长条形的模板，则通常雕凿出一排2到6个各种花色的小模。

清代的小眼巧饼榼子

制作巧饼的面模，有大有小。人们可以根据自己的需要来选择
面模。将发酵好的面揉好，切成面坯，填入面模，并用手掌按平；

然后反转过来，朝面板上"啪"地一磕，面模里面的那些漂亮的花纹便印在面坯上面了，面坯顿时变成了一个个小狮子、小金鱼、小公鸡、小老虎，也有荷包、石榴、莲花、莲蓬、小篓、知了、小猫、狮子狗等。

然后将巧饼摊在锅里面，锅底燃着细细的小火。只要十几分钟的工夫，薄薄的巧饼就膨胀起来，变成美丽、小巧、松软的点心了。

有的人家用红线绳，从那些小篓或荷包形状巧饼上的孔隙处穿过，然后挂在孩子们的脖子上。那些精美的小巧饼，在孩子们的胸前荡来荡去，被他们视为心爱的玩具。

也有的人家会选择一些小型的巧饼，用秫秸作为间隔，十几个串成一串，下面再点缀上一些彩色的穗子，然后挂在墙壁上，成为漂亮的装饰品。

一个个漂亮而散发着面香的巧饼，是孩子们爱不释手的玩具。他们馋极了的时候，才依依不舍地拿出一个放进嘴里咬开，已经风干的巧饼变得硬实了许多，吃在嘴里却是越嚼越香。

七夕节的种种传说与习俗，丰富多彩，美丽动人。从这里，也反映出了中国劳动人民美好的心灵、淳朴的愿望，以及丰富的想象力和创作的才华！

"牛郎织女"作为一个爱的话题，将永久流传下去

第七章：中元之日，祭祖拯孤

◎七月十五，一个灵性的节日

每年农历七月十五日的中元节，曾经是中国传统社会中一个相当重要的传统节日。这个节日，恰好处在七夕节与中秋节之间。从大自然的时序节气的演变来看，中元节既像是七夕的延续，又像是中秋节的预演。然而，中元节的形成过程、节俗活动以及文化内涵，却与这两个节日大相径庭。

中元节，是一个三节合一、充满更多传奇与神秘色彩的节日。那么，为什么说是"三节合一"呢？

因为在古代，农历七月十五这一天，既是道家与佛家的隆重节日，又是普通百姓的祭祖之节。各有不同的节俗内容，故而才会有"三节合一"之说。

其实，"中元节"这个名字是源于中国道教的一个称谓。道教认为，产生天地万物的三个因素是天、地、水，即"三元"。而在道教的信仰里面，此三者称为"官"，即"天官""地官""水官"。

清代民间年画三官大帝神像

"三官"所对应的神祇分别为"紫微大帝""清虚大帝"和"洞阴大帝"。相传，天官紫微大帝诞于正月十五，主掌赐福；地官清虚大帝诞于农历七月十五，主掌赦罪；水官洞阴大帝诞于农历十月十五，主掌解厄。

在"三官"的诞辰之日，民间要举行隆重的祭祀神灵的仪式，从而形成了上元节、中元节和下元节三个节日。

三元节时，三官下界巡游，履行职务。而地官清虚大帝于每年的农历七月十五中元节时，下界普度孤魂野鬼。有罪的人可以向其祈求，以便赦免罪行。

中元节时，道教的宫观内举行"中元斋醮"，俗称"道场"，为民众祈福。道教的中元节，其实是传播道德伦理的节日，也就是倡导人们在这天注重修德。所以，中元节又是中国传统节日中的"忏悔节"或"赎罪节"。一年中有罪过的人，可以在中元节这天通过各种仪式，去检讨自己和请求天地人的宽恕。

中国传统记忆丛书

圖説
老節俗

170

北魏时期的石雕菩萨立像

我国佛教，则称七月十五为"盂兰盆会"或"盂兰盆节"。"盂兰"，是倒悬的意思，形容苦厄之状，盆是指盛供品的器皿。佛教认为，供奉此具可解救已逝去的父母、亡亲的倒悬之苦。

"盂兰盆会"的起源，与古代的佛事活动有关。佛教自汉代传入中国后，到六朝时已十分盛行。当时，佛教为了宣扬轮回说，便捏造了一个"目连救母"的故事：

有一个叫目连的人，很孝顺母亲。可是，他的母亲为人却很刻薄，死后便被罚入地狱受苦。有一次，目连见母亲与饿鬼争食，他就用钵盛饭给母亲吃。谁知，饭还没有到母亲的口里，就变成了火炭。

目连很奇怪，就将此事向佛诉说了。佛说："你母亲罪孽深重，赖你一个人的力量，无法解脱苦厄，必须众僧共同施法才行。"

到了农历七月十五那天，佛便对弟子们说："谁要想替在阴间的父母解除厄难，可用盆盛百味五果，供养十方大德佛，再用钵盛水饭泼给众饿鬼后，就能解除。"

相传，在七月十五这天修供，其福报可获百倍。因此，佛陀教民众在七月十五做"盂兰盆会"，以百味五果供养佛与僧，以所得福报来解救七世父母在阴间倒悬之苦，以报答父母的养育之恩。这就是中元节又被称为"盂兰盆会"或"盂兰盆节"的因由。

关于盂兰盆会的历史，早在南北朝时期就已经非常流行了。北齐人颜之推撰写的《颜氏家训》里面便有记载："及七月半，盂兰盆望于汝也。"这是江北的情形。南朝梁人宗懔在其撰写的《荆楚岁时记》里面也说："七月十五日，僧尼道俗悉营盆供诸佛。"这是江南的情形。可见，无论大江南北，随着佛教的盛行，盂兰盆会已经成为一个十分普遍的习俗了。

唐代时，皇家每年都要送盂兰盆供到各家官寺，并有音乐仪

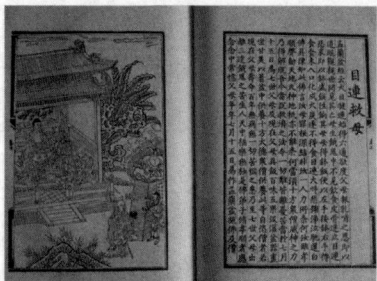

民国刻本《目连救母》书影

仗相随。盂兰盆供极为奢华，往往用金翠装饰。百姓也会到寺院供献盆供以及各种杂物。当时，长安城内的各个寺院每到七月十五，都要制作花瓶、假花、假果、假树等物什作为装饰，场面非常壮观。

从宋代起，盂兰盆节与普通民众的生活融合在一起。每到七月十五，集市上就有卖冥器靴鞋、五彩衣服、瓜果之类的东西，也有用纸糊架子作盂兰盆出售。从七月七日后就上演《目连救母》杂剧，一直演到七月十五。

佛教七月十五的盂兰盆节，有两层含义，一是教育人们要供养宗教僧众，二是教育人们多做善事超脱先人罪孽，并提倡孝道。

在我国民间，农历七月十五则被称为"鬼节""阴节""七月

半"等。中元节，之所以被老百姓称为"鬼节"，除了受佛道二教的影响之外，还与旧时人们的观念习俗有着重要的关系。

旧时，人们大都比较迷信，而农历七月在民间有"鬼月"之称。那么，农历七月又为何变成"鬼月"了呢？因为民间俗信，每年从农历七月初一起，阎王就

旧时，每当中元节来临之际，市井街巷里就会有不少售卖"纸包袱"的小贩

会下令开禁，让那些去世的先人们走出阴曹地府，获得短期的自由，以享受人间的供祭。所以，人们才称农历七月为"鬼月"。

农历七月十五是阴间最大的节日——鬼节。民间另有阳间过元宵节，阴间过鬼节的传说。据说，当日阎王也会披着盛装和鬼众们共度佳节，并且让世间活着的人一起为他们祝福，祝愿另外一个世界里的人们心想事成，快乐享受在人间没来得及享受的幸福。因此，在中元节期间，我国民间许多地方都要举行祭祀、参佛、放河灯等活动，以示庆祝。

◎追荐祖先，祭孤魂

万物本乎天，人本乎祖。

在中国传统节俗文化里面，祭天祭祖始终都是最为活跃的一部分。尤其是对于平民百姓来讲，祖先和自己血肉相连，情感相通，祭祀祖先对于自己具有非凡的意义。于是，自宋代起，以祭祀祖先为目的的民俗活动，逐渐成为中元节的活动主流。明沿宋俗。到了清代时，以祭祖为目的的活动，在这一天变得更加丰富。而在现代，大多数人早已将这个节日的宗教色彩从记忆里拂去了，中元节已经彻底变成了一个祭祖节。

中元节虽然是清明节之后另外一个重要的祭祀的节日，但在祭祀的内容与形式上，两者之间却存在着不小的差异。清明节往往聚

明、清时期,古人在中元节祭祖时,焚烧给已故亲人的烧衣纸马

族而祭,而七月十五大多是一家之祭。

在旧时,每到七月初十日左右,在街市上四处都能看到出售彩扎祭品的商贩,所售卖的祭品堆积如山。如纸衣裙、帽子、帐子、房屋楼阁、车船、马匹、刀枪等,以及各种纸钱、纸元宝等,以供祖宗和孤魂使用。

自初十日开始,家家户户都要将厅堂打扫干净,神龛前置香案和祖先牌位,并备酒肴馔品连日供奉,以迎先祖。

在七月十五这天,家人不允许吵架,担心因此惊扰了祖先。并且在当日,如果看到家中出现了蛇、鸟、蝶、蛙之类的动物时,不仅不允许杀生,还要对其焚香烧纸。因为在过去,有很多人相信这些东西有可能是先祖变化而成回家来查看的。

由于中元节祭祖是"一家之祭",所以在祭祖的地点、祭品种类和祭祀方式上都没有清明节正规。但也正是由于这个原因,在不同的地区形成了众多不同的习俗。如浙江一带,七月半是在家中祭祖。人们先用白纸做好封筒,里面装上锡箔叠成的元宝,封口后,再在封筒正面写上某代祖宗收,上首书写"敬奉"二字,下首书写祭祀者的辈分和姓名,背面书写上封口的日期。祭祀一般在晚上举行,人们准备好让先祖享用的酒宴,祭祀后,焚烧封筒。最后,从每个碗里夹出一点菜撒在地上,并在地上浇一点酒,祭祖活动便宣告结束了。

老北京地区的中元节祭祖与清明节相似,扫墓祭祖的同时,兼有郊游的性质。如明代刘侗、于奕正撰写的《帝京景物略》记载:"上坟如清明时,或制小袋以往,祭甫讫,辄于墓次掏促织。满袋则喜,秫竿肩之以归。"

四川省中元节祭祖的习俗是"烧包袱",即将纸钱封成数个小封,上面写上收受人的姓名,收受的封数,化帛者的姓名及时间。

河南汝州、郏县，陕西汉中，陕西朔州等地，祭祖的时间多选择在晚上。夜深人静，人们在门外用石灰撒一个圈子，据说是把纸钱烧在圈子里，孤魂野鬼不敢来抢。然后，一堆一堆地烧，在烧的时候，嘴里还要不停地念叨着："某某来领钱……"

中元节祭祖，多为"一家之祭"。烧包袱，即为最常见的祭祀方式之一

山东广饶、淄川等地，则把祖先请进家里祭祀。届时，家家户户在大门顶上插五谷穗子，以五谷喂马。等祭祀完毕，好让祖先骑马回去。

台湾地区，对中元节也比较重视。在清代的诗歌作品中，有不少记载了台湾的中元节活动，十分隆重。如清人周长庚创作的《台湾竹枝词》云："竹子高高百尺幡，盂兰盛会话中元；寻常一饭艰难甚，粱肉如山饷鬼门。"又如钱琦创作的一首《台湾竹枝词》中写道："中元盛会赛盂兰，豪夺争先上醮坛；海面放灯僧说法，鬼声人影夜漫漫。"通过这些诗句的生动描绘，台湾中元节的盛况可见一斑。

中元节祭祖的方式，往往因为各地风俗习惯的差异而有所不同，这里不再一一进行记述了。但无论采用何种祭祀方式，在烧纸钱的时候，人们不能只给自己亡故的亲人烧，还要记挂着其他的孤魂野鬼。否则，这些孤魂野鬼难免不会在阴间难为自己的先祖。于是，这便有了祭祀孤魂的仪式。

祭祀孤魂的仪式，主要是于街道旁放置食品、烧冥衣、纸钱。有的在家门口挂上书写着"普度阴光"的红灯，摆列供品，叫作"施食"。晚上则放河灯，以招引水中鬼魂。关于放河灯的习俗，下文会有详细的记述，在这儿只是简单一提。

在江浙地区，沿街设案，搭成"孤鬼台"，挂旗幡，孤鬼牌位，供品有鸡鱼肉三牲、鲜果、

旧时，在中元节前夕卖纸元宝的小贩

中国传统记忆丛书

圖说
老節俗

疾病恶鬼等孤魂

酒肴等。在乡间，则要清除路边杂草，以便让野鬼通行无阻。

在广西地区，多在田野间的水沟边祭孤魂。在祭祀的时候，点香烛，以米饭加水，伴小鱼虾等，泼洒在地上，焚烧纸钱，称为"撒水饭"。

在台湾，祭祀、普度孤魂的仪式很隆重，分为"公普"和"私普"两种方式。"公普"，是以各村庄的寺庙为中心，主祭人为当地的富绅或寺庙主事者。在举行"公普"的前夕，要通知孤魂前来领受普度，就得在庙前竖立"灯蒿"，以便招魂。所谓灯蒿，就是一根高几丈的木杆或竹竿，在顶端吊起灯笼，入夜后点亮。民间相信，灯蒿竖得愈高，所招聚的鬼魂就愈多。为了避免饿鬼太多无法应付，平时只竖起两三丈的灯蒿。只有在大普度的时候，才竖立五丈以上的灯蒿。

所谓"私普"，就是以村庄为单位的普度。一般从七月初十前后就开始，一直持续到月底。大家共同商议，甲村是哪一天，乙村是哪一天，按照规定的日子轮流举行。

无论"公普"还是"私普"，都要准备丰盛的酒菜。过去，台湾各地俗信，如果供品太少，或是做的饭菜太差，就会遭到"孤魂"的报复，或让家人生病，或是所养的家禽家畜暴毙。所以，家家户户无不竭尽所能地准备。祭祀完毕，人们纷纷争抢供品，称为"抢孤"。相传，抢到供品者，一年都有福运。

◎ 河灯璀璨，照冥拯孤

旧时，在中元节这天，许多地区都有放河灯的习俗。放河灯，顾名思义就是在河中放一盏灯，任其漂流。其实不仅是河，凡江、湖、池等水域也都可以放。因此，这一习俗在有些地方称为"放水灯"。

上元节即元宵节，人们张灯结彩庆赏元宵是在情理之中。那么，作为"鬼节"的中元节为什么也要张灯呢？

莲花灯

因为佛教认为，孤魂野鬼在轮回的途中，要经过无边的苦海与冥河，因而要燃点灯火，指引亡魂过渡，获得超生，也好辨别路径，前来接收人们的食物施舍。

不过，人鬼有别，所以中元节张灯和上元节不同。人为阳，鬼为阴；陆为阳，水为阴。所以，上元节张灯是在陆地上，中元节张灯是在水里。

中元节放河灯的习俗，早在宋代的时候就已经颇具影响。在宋代文人吴自牧撰写的《梦粱录》一书中便有记载："禁中赐钱，差内侍往龙山放江灯万盏。"这是宫廷中放河灯的活动，场面自然极为壮观。

明、清时期，对此习俗有很多精彩的描写。明代文人刘侗、于奕正撰写的《帝京景物略》中写道："十五日，诸寺建盂兰盆会，夜于水次放灯，曰放河灯。"而清代文人潘荣陛所著的《帝京岁时纪胜》里面，描写得更加生动："每岁中元建盂兰道场，自十三日至十五日放河灯，使小内监持荷叶燃烛其中，罗列两岸，数以千计。又用琉璃作荷花灯数千盏，随波上下。"

河灯中最主要的品种就是莲花灯。因为莲花清净无尘，象征佛法。一般在灯下置一方形木块，上面固定蜡烛，再在蜡烛旁置以莲花形的灯饰，以便于在水上漂流。也有在带梗的莲叶中插上香烛，即成一灯，叫做"荷叶灯"。

每当中元节来临时，孩子们纷纷去采摘带梗的荷叶，用来制作"荷叶灯"

做河灯的荷叶可以去荷塘里采，也可以到街市上去购买。一时间，荷叶成为街市上的紧俏货。除了荷叶灯之外，还有用西瓜和南瓜制作的河灯。在制作的时候，将瓜的顶部用刀切下，掏空里面

中国传统记忆丛书

旧时，中元节放河灯

的瓜瓢，用铁丝或竹签固定好蜡烛，就成了西瓜灯、南瓜灯。

河灯除了上述的各种之外，有些手巧的艺人还扎出星形、宝塔形、花篮形、龙形、凤凰形、鱼形、花篮形等河灯。千姿百态的灯被放入河中，光彩闪耀，极为惹眼。当然，只有比较富裕的地区才如此讲究。

旧时，中元节放河灯的习俗遍及全国各地。其中规模与影响较大的地区，除了老北京之外，还有东北的吉林市，陕西神木，河北沧州、盐山、衡水，山西阳城、河曲，河南新乡、浚县、汝南、汝阳，山东德州、滕州，甘肃皋兰，浙江温州，江苏吴县，上海等地。

如山东德州，中元节放河灯的场面极为壮观。除了制作各种河灯之外，人们还合力彩扎大型的纸船。中元节之夜，人们纷纷赶到运河边去放河灯。在放河灯的时候，也将纸船放入水中。伴随着点点繁星似的河灯，一条条纸船也顺流而下，给人一种恍若隔世的虚幻之感。

东北的吉林市，直至民国时期还盛行在七月十五放河灯。放河灯是在松花江上，河堤上早早就挤满了看河灯的人。顺流而下的莲花灯、鱼灯、大小宝塔灯、三星灯等等，令人目不暇接。河边还有一些大商号雇的大彩船，鼓乐齐鸣，并有各种曲艺娱乐表演和美食摊点等，人们直至深夜才尽兴而散。

河北沧州不仅要放河灯，还要燃路灯。有的地区是中元日放河灯，次日燃路灯，如河南汝阳、舞阳等地。河南林县的牧童在这天入夜之后，还要张灯于山顶上，谓之"点花山儿"。

有的地区还依据河灯的漂浮

放河灯习俗，给这个气氛略显凝重与压抑的特殊节日带来了不少亮丽与生动的色彩

状况来判断亡魂是否得救。如果灯在河中打转，那就是说让鬼拖住了；如果灯沉没了，即意味着亡魂转世投胎去了；如果灯漂得很远或靠岸，就说明亡魂到达了天国……

时至今日，中元节早已变成了一个平静的节日。曾经在夜色里人头攒动的喧闹情景，距离人们的记忆已经越来越遥远。但是，这个节日所蕴含着的对祖先的深沉怀念之意却丝毫没有改变。现在，仍有少数地区在中元节这天沿袭着放河灯的旧俗。人们用一盏盏小小的河灯，将自己质朴的情感寄托其中，以此来表达对先人的追思和对亲人的祝福。

放河灯，不仅仅具有照冥拯孤、超度亡灵的意义，同时也是人们与自然和谐相处，享受生活所创造的具有浓郁审美意味的生活方式吧！

第八章：月满中秋，吉祥团圆

◎源于祭月的中秋节

中秋节，是中国民间的传统节日。因为这个节日是在农历八月十五，故又称"仲秋节""八月十五节"等。它是中国民间最隆重的节日之一。炎黄子孙，无不同日而庆。中秋之夜，月亮最亮、最圆，月色也最美丽。我国人民向来都把月圆视为团圆的象征，因此中秋节还有"团圆节"之美称。

中秋节的起源，与古代祭月的礼俗有关。古代中国，是一个农耕大国。农业的发展与人们的生活及社会的发展息息相关。

因为古人认为五谷丰收离不开月亮，如果没有月亮赐露水，没有月亮圆缺以计农时，庄稼是不可能丰收的。因此，在古人的心目中，月亮（太阴）是仅次于太阳的神灵，一直是人们重要的崇拜对象。

古时候，每年春天播种前要进行"春祈"的活动，以祈求土地神赐予五谷；到秋季八月中旬，正是收获的季节，也要拜谢土地神，这就是"秋祀"。

秋祀是一种仪式，不仅要拜土地神，还要祭月。据西周著名的政治家周公旦所著的《周礼》记载，在西周时期，周王就已经

中秋拜月，是一个十分古老的习俗

特别重视中秋之夜祭月了。当时的祭典也特别隆重，设香案，并献上瓜果等供品。伴随着鼓乐声，周王身着白衣，骑着白马，在文武百官的簇拥下，亲自前往祭拜。他们虔诚地祭拜月神和土地神，感激二神赐予人间的恩惠。

不过，那时候的"中秋"还没有节日之意。一直到了唐代时，官府才正式定农历八月十五为中秋节，取意于"三秋之正中"，届时万民同庆。

民间供奉的月官娘娘神像

那么祭月之礼，又是如何孕育出中秋这个节日的呢？

传统历法中，将每一个季节都分为"孟、仲、季"三个月，仲秋处于秋季之中，跨越白露和秋分两个节气时段。最初祭月的日子在"秋分"这一天，然而"秋分"这个节气在八月里，日期每年都不同，所以秋分这一天不一定有月亮。祭月无月，是一件大煞风景的事情，逐渐俗随时成，祭月的日子就固定在八月十五这天了。而八月十五又在"仲秋"之中，所以称为"中秋节"。

每年中秋时节，清朝皇帝都要穿白色彩云金龙朝服到京城西郊的月坛去祭月

自周代起，历代帝王大都沿袭着祭月的习俗。北京的"月坛"，就是明嘉靖年间为皇家祭月修建的。我国各地至今仍遗存着许多"拜月坛""望月楼""拜月亭"等古迹。在明、清时期，中秋节已

旧时，民间祭月时所用的月光神祃

经成为我国民间仅次于春节的第二大传统节日了。

祭月是中秋节最普遍的一个活动。祭拜的对象是月神，也称作"月宫娘娘""月姑""太阴星主"等。由于各地风俗习惯的差异，在祭月的方式上也各不相同。比如江苏吴县等地在祭月时，只是遥向空中拜月；而像广东潮安等地，则祭拜一位凤冠霞帔的木雕神像；但大多数地区，尤其是北京，则张挂木刻版印的"月光神祃"，亦称"月光纸"。

据明代文人刘侗、于奕正撰写的《帝京景物略》记载：在纸肆里卖"月光纸"，画满月像；中有月光遍照菩萨趺坐在莲花上，下面是月宫桂殿，前有玉兔站立执杵而捣臼中仙药。这种月光神祃，小的三寸，大的一丈，精致的还在纸上洒金。

在月亮还未升起时，祭月的人家先朝月出的方向，把月光神祃贴好，设下供案，把一些应时瓜果陈列好。南方大多用柚子、香蕉、菱角、芋头、藕、花生等等；北方则是苹果、鲜枣、西瓜、葡萄、带枝的毛豆、藕等等。然后，再摆上清茶、月饼、糖果等食品。

摆好祭品之后，等到月亮升起，便燃烧"斗香"。所谓斗香，就是以线香编成斗形，中间放上香屑，俗称"斗香"。而后虔诚地祭拜，恭祀"太阴星主月光菩萨"前来享用。妇女先拜，儿童后拜。

祭月时，男子多不叩拜。俗言道："男不拜月，女不祭灶。"拜完之后，把月光神祃与纸钱一起焚化，撤供。然后把撤下的供品分给家人食用，不在家的也要为对方留一份。

关于祭月这一习俗的由来，

拜月习俗，在我国民间有着很深的影响。这幅名为《拱向蟾轮》的清代年画，表现的就是孩子们模仿大人拜月的情景

嫦娥奔月

在我国民间却流传着一个十分动人的故事：

传说在远古时候，天上有10个太阳，晒得庄稼枯死，民不聊生。一个名叫后羿的英雄，登上昆仑山顶，运足神力，拉开神弓，一气射下9个多余的太阳。因而，他受到百姓们的尊敬和爱戴，不少志士都慕名前来投师学艺。其中，有一个名叫蓬蒙的人也混了进来。此人，奸诈刁钻、心术不正。

后羿有一个美丽善良的妻子，名叫嫦娥。后羿除了传艺狩猎外，终日和妻子在一起，人们都羡慕这对郎才女貌的恩爱夫妻。

一天，后羿到昆仑山访友求道，巧遇由此经过的王母娘娘，便向王母娘娘求得一包不死药。据说，服下此药，能即刻升天成仙。然而，后羿舍不得妻子，只好暂时把不死药交给嫦娥珍藏。不料，这件事情被蓬蒙知道了。

八月十五日，后羿到外面射猎去了。天近傍晚，蓬蒙偷偷溜了进来，闯进嫦娥的房间，威逼她交出不死之药。嫦娥在迫不得已的情况下，把不死药全部吃下。她立时身轻如燕，直冲云霄，并在月亮上安身。

后羿回到家里，却不见了妻子嫦娥。等他跟侍女打听之后，才知道了实情。他冲出门外，只见天上的月亮又圆又亮。他拼命地朝月亮追去，他追几步，月亮退几步，总也追赶不上。

后羿悲痛欲绝，但又无计可施。他只得命侍女在院子里摆上供桌，上面供放着嫦娥最爱吃的水果和点心，遥祭远去的妻子。

乡亲们听说之后，也都在院子里摆上供桌，遥祭善良的嫦娥。从此以后，每年的中秋之夜，人们在全家团聚，饮酒赏月之时，都要摆上丰盛的果品、月饼祭月。年年如是，相沿成俗，流传至今。

◎丹桂飘香，玩赏明月

农历八月十五，秋高气爽，月亮最亮、最大、最圆，月色也最纯洁，最美丽。因此，中秋之夜，夜幕降临之时，人们便在庭院里摆好月饼、瓜果等，早早地迎候月亮的升起。人们拜月赏月，品月饼，话家常，吟诗作对，真是其乐无穷。

宋代画家马远创作的《楼台月夜图》

常言道："月到中秋分外明。"为什么中秋节夜晚的月亮特别明亮呢？

农历八月十五，已是秋高气爽的时节，天空格外晴朗，万里无云，因而看着那饱满的圆月，会觉得分外明亮。还有一个重要的原因，月亮绕地球旋转，地球绕太阳旋转，太阳光有时候直射月亮，有时候斜射月亮。中秋节正当秋分前后，这时候太阳光差不多是垂直地射到月球上，因此月球上接受的光线多，反射的光线也多，从地球上看去，就显得格外明亮了。

中秋赏月，是一个非常古老的习俗，至今仍在我国民间广泛流传。中秋赏月的活动，大约始于魏晋时期，只不过在当时还没有形成一种风俗罢了。当时，中秋赏月还只是那些情感敏锐的文人墨客们的时尚之举。

后来，随着节俗文化的发展，礼仪与风俗的演变在诸多方面都呈现出礼退俗进的趋势。到了唐代时，中秋赏月之风已逐渐重于祭月了。于是，庄重的祭月仪式在民间变成了一种轻松、欢娱的活动。在中秋之夜，商铺、酒楼都重新进行装饰，牌楼扎绸挂彩。人们纷纷登楼、上台赏月；有的安排家宴，阖家团圆，赏月叙谈。

唐代时，不止民间如此，朝廷也特别重视这个节日。如在五代王仁裕撰写的《开元天宝遗事》一书中，便记载了唐玄宗八月十五之夜，在禁中与诸学士备酒宴赏月，以及唐玄宗中秋夜与杨贵妃临

那一轮皓月，总会给人们带来无限的遐思

186

太液池凭木栏望月之事。

此外，我国民间还广泛流传着一个关于道士助唐玄宗游月的传说。这个传说的版本较多，在《唐逸史》里面是这样记载的：

有一年的中秋之夜，鄂州一个有法术的道士，名叫罗公远，他在长安城的皇宫中侍奉唐玄宗祭月。在祭祀之中，两个人一边赏月，一边谈论。玄宗说："能到月宫中游玩一次该有多好呀！"

罗道士说："万岁，你要游月宫那不难，我有办法。"

玄宗惊讶地问："当真？"

罗道士说："欺君之罪，我怎敢犯，请万岁隐避更衣，待我先行祈祷。"

于是，唐玄宗回到寝室更衣。罗公远跪在地上，默念咒语良久，又燃黄表纸在拐杖上摔打了一番，而后随手将拐杖掷向天空。说来也怪，拐杖划破了长空，一直飞向月宫。紧接着，面前出现了一道又宽又广，通往月宫的天桥。罗道士唤唐玄宗立即动身。

他二人在桥上走了一阵子，也不知走出多远，只觉得寒气逼人，面前出现了一个城阙，门口有一棵又高又大的桂花树，树下有一只白兔在捣药，门楼的匾额上写着"广寒宫"三个大字。罗道士告诉玄宗说："这就是月宫。"

他们进了城，见城里到处是奇花异草，一片琼楼玉宇的建筑，十分清雅美观。他们还在一座雕梁画栋的大厅里，观看了穿着锦衣绣服的数百仙女的舞蹈。伴奏的音乐异常悦耳动听，她们的舞姿也更为迷人。

唐玄宗是一个对音乐很有造诣的皇帝，他暗暗地记下了仙乐的曲调，经过整理，就是后来白居易在《长恨歌》里提到的《霓裳羽衣曲》。接着，他们在宫城巡游了一圈，还俯首眺望了苍茫的大地。

现代年画《唐明皇游月宫》

最后，罗道士取来了拐杖，他们才返回人间。

当然，唐玄宗游月宫是不可能的。这只不过是民间附会的一个传说罢了。但是，通过这个传说可以看出，人们对月亮充满了一种神秘与向往之情。中秋赏月的风俗由此而风行，也就不难理解了。

到了宋代，民间中秋赏月之风更加兴盛。宋代文人孟元老在其撰写的《东京梦华录》一书中，描写了北宋都城赏月的盛况：中秋之夜，贵族人家纷纷登上彩绸装扮的楼阁，举杯赏月。而平民百姓之家或抢订酒楼，或在自家庭院里摆上几案，一边饮酒，一边赏月。有的人家，一直玩到黎明之时才散去。

南宋文人吴自牧撰写的《梦粱录》一书中，也有南宋杭州中秋赏月情景的记述："此夜天街买卖直到五更，玩月游人，婆娑于市，至晓不绝。"

从元代至明、清时期，中秋节基本沿袭了唐、宋的旧习，阖家团圆共赏明月已经成为时尚之举。明代文人田汝成在《西湖游览志余》中记载：明人多于中秋之夜，设赏月之宴，或携带酒食至湖海之畔游赏。

而明代的另一位文人张岱在其撰写的《虎丘中秋夜》里面，更是生动地描绘了时人中秋夜赏月的热闹场面："虎丘八月半，土著、流寓、士夫、眷属、女乐、声伎、曲中名妓、戏婆、民间少妇、好女、崽子、娈童及游冶恶少、清客、帮闲、傒童、走空之辈，无不鳞集。自

阖家团圆，拜月赏月是一件幸福无比的事情

生公台、千人石、鹤涧、剑池、申文定祠，下至试剑石一二山门，皆毡席地坐，登高望之，如雁落平沙，霞铺江上。"明代赏月风气之盛，从这一段记述能略窥一斑。

中秋之夜，人们沐浴着月亮那柔美的清辉，仰望一轮玉盘。一缕缕桂花的芳香，伴着清凉的夜风，

中秋时节，桂香袭人

飘然而至。它的香味，不是兰花的馨香，也不是水仙的幽香，更不是梅花的暗香，而是一种甜香，令人感觉特别惬意。用"花气袭人"四字来形容，再恰当不过了。

中秋时节，也正是桂花飘香的时节。因此，在月下欣赏桂花，也是中秋节的一个传统风俗。据史料记载，民间中秋赏桂花的习俗，在宋代的时候就已经流行开了。

桂花树，是一种寓意吉祥的树种，而且还带着一点神秘的色彩。因为，在我国民间的传说里，月亮上面就生长着一棵高大的"月桂树"。

千百年来，在我国民间广为流传着一个关于"月桂树"的神话故事：

相传，月亮上的广寒宫门前的桂树生长繁盛，有500多丈高。汉朝时，有个名叫吴刚的人，因醉心于仙道而不专心学习。因此，天帝震怒，把他拘留在月宫里，让他伐那棵"月桂树"，并说："你什么时候砍倒那棵桂树，就可以获得仙术。"

但是，吴刚每砍一下，桂树上的创伤就会马上愈合。日复一日，吴刚的愿望仍未实现。因此，吴刚常年在月宫上伐桂，但是始终砍不倒这棵树。

民间还传说，吴刚伐桂时震落的树叶，在中秋之夜落到人间就会变成金叶子。只有那些心地善良的有福之人，才有机会捡到从月亮上掉下来的金叶子。正是因为这个神奇的传说，使月亮在我国民间有了"桂宫"的别称。

人们不仅要欣赏桂花那繁丽的花色，还把鲜花采摘下来，制作成桂花糕、桂花糖、桂花酒等。

每当中秋佳节，全家团圆之时，人们一边玩月赏花，吃着用桂花制作的食物，一边谈论着月亮、桂树的种种传说，确实是一件十分愉悦的事情。

◎ 甜美团圆吃月饼

中秋节吃月饼，是我国民间的传统习俗。古往今来，人们都把月饼视为吉祥、团圆的象征。每逢中秋佳节，皓月当空之时，人们都要品饼赏月，尽享天伦之乐。

月饼，又称胡饼、宫饼、小饼、团圆饼等。它是古代人民中秋节祭拜月神的供品，后来沿传下来，便形成了中秋节吃月饼的习俗。月饼，在我国有着非常悠久的历史。

中国人从什么时候开始吃月饼，已经很难考证了。从文献记载来看，至迟在宋朝时，就已经有了"月饼"一词了。南宋文人周密在《武林旧事》里面提到各种蒸食的糕饼中，"月饼"的名字赫然在列。但是，它是否作为中秋节的专用食品，就不得而知了。

月饼在民间真正的普及，据说是在明朝初年。对此，在我国民间还流传着这样一个故事：

在元朝末期，蒙古族贵族统治者残

"吴刚伐桂"的传说，为中秋皓月增添了更多神秘的色彩

月饼，是中秋节的代表性食物

酷地压迫、剥削和奴役人民，而又怕人民起来造反，严禁老百姓家里有金属器具，就连菜刀也要10家共用一把。残暴的统治，激起了人们强烈的反抗，纷纷揭竿起义。当时的农民领袖朱元璋正在暗中组织农民起义，为了避开官府眼线的监视传递秘密通知，他们将"八月十五杀鞑子"的字条夹在月饼里面，约

"玉兔捣药"图案的月饼模子

定在农历八月十五起义。到了中秋之夜，家家掰开月饼，看到传单后，就一起动手起义，最终推翻了元朝的统治。从此，每到中秋节，人们都要吃月饼，用以纪念这一人民群众起义的日子。当然，这只不过是民间的一种附会，可信度不高。

明人田汝成在《西湖游览志余》中写道："八月十五谓之中秋，民间以月饼相遗，取团圆之意。"由此可以确定在明朝时，人们已经以月饼为中秋应节之食物了。而且也说明了在中秋节这天吃月饼，有以圆如满月的月饼来象征月圆和团圆的意义。

另外，明代文人沈榜在其所著的《宛署杂记》中也有记载，当时每当临近中秋节的时候，不管是官宦人家，还是平民百姓之家，都把月饼作为最为时尚的馈送礼品。这一习俗，一直延续到了现在。

到了清代，民间月饼制作工艺有了较大的提高，品种也不断增加。清代文人富察敦崇在《燕京岁时记》一书提到了北京的月饼，当时以前门"致美斋"制作的月饼质量最好。别处的月饼都无法与其相比。大的月饼有一尺多，上面绘有月宫蟾兔的图案。而且作者在书中还提到一个有趣的习俗，有的人家在祭月之后，还要保存下一些月饼留到除夕时吃，称为"团饼"。从中秋节到除夕还有100多天的时间，月饼在存

每当临近中秋节时，糕点铺月饼的销量顿时大增

放这么长时间之后，极容易变质。现在不妨猜想一下，古人很可能是将月饼放在室外晾晒干透之后，再进行保存的。

过去，在我国民间的大部分地区还有"打月饼"的习俗。既然月饼是烤出来或焙出来的，为何不叫"烤月饼"或"焙月饼"呢？为何偏偏用个"打"字呢？

原来，人们在制作月饼的时候，大都要借助特制的模子，俗称"榼子"。在打月饼的时候，人们先根据各自口味的需要，将芝麻、花生、葵花籽、冰糖等馅料用面皮包起来，并放入月饼模子里面按压成型。

然后，拿起月饼模子反转敲打几下，将里面已经成型的月饼倒出来。打月饼，正是巧妙地运用了一个"打"字，将月饼的制作过程形象生动地表现了出来。

我国南北方都有使用月饼模子的习惯。南方的月饼模子，以体积小巧、造型多样为特色。北方的月饼模子体积偏大，造型风格单一，以圆形月饼模子为主。

但是，无论南方的还是北方的，其造型和题材均不同程度地受到当地民俗、民风和地域的影响。月饼模子的题材非常多样，有人物、动物和花卉图案等等。并且多以"嫦娥奔月""吉祥花草""十二生肖"等寓意吉祥的图案为主，而且大都配有"福""禄""寿""禧""合家团圆""丰收""中秋"等表达祈福纳祥的文字。

在过去，男女老少聚在一起打月饼，也是中秋节里一道热闹而有趣的风景。现在，在我国民间的少许地区，仍还保留着这个习俗。

到了近代，月饼不仅成为四时生产的传统糕点，而且制作、风味也因地而异，品种花色各有千秋。如广东的广式月饼，苏州的苏式月饼，北京、宁波等地生产的京式、宁式月饼等，都各具地方特色。除以产地分类外，同一地区所产的月饼又以其馅心成分、制作工艺、饼

民国时期"乾丰号"月饼包装宣传单

面花形的不同，而定出繁多的品种，如豆沙、五仁、莲蓉、火腿、蛋黄、叉烧月饼等等。

当人们在中秋之夜赏月的时候，望着天空中一轮皓月，品尝着甜美的月饼，总会引起人们无穷的遐思。

月饼，是中秋节的代表食品。但是，人们在这一天不仅仅是吃月

旧时，中秋节街头卖月饼的小贩

饼，在各地还有其他一些丰富而有趣味的食俗。

在广东的一些地区，有中秋节吃芋头的传统习俗。吃芋头的方法很简单，就是把小芋头煮熟，然后剥皮吃即可。时人还将这一习俗称为"剥鬼皮"。所以，人们在中秋节吃芋头，意味着辟邪消灾的意思。

在台湾中秋节吃芋头，被俗语解释为"吃米粉芋，有好头路"，意即祈求祖先保佑自己找到好的工作。

中秋节期间吃田螺，也是广东民间的另一大习俗。那么，人们为什么要在中秋节食田螺呢？

人们认为，中秋节前后，是田螺空怀的时候，腹内没有小螺，因此肉质特别肥美。而且中秋节吃田螺，可以明目。关于中秋节食田螺的习俗，在清朝咸丰年间修订的《顺德县志》里面就有记载。

江南一带的民间过中秋节的食俗也是多种多样。南京人中秋节除了爱吃月饼之外，必吃金陵名菜"桂花鸭"。

"桂花鸭"是在桂子飘香之时上市的，肥而不腻，味美可口。而且酒后人们也要吃一种小芋头，在上面浇上桂子酱，美不可言。

柚子外形浑圆，象征团圆之意，

广东中秋节吃芋头称为"剥鬼皮"

中国传统记忆丛书

中秋节吃石榴，寓意人丁兴旺

同时"柚"与"佑"同音，再加上中秋前后又适逢柚子的盛产期，因此柚子理所当然地成为中秋节的应时食物。

而且在江南民间，对于吃柚子，也有"剥鬼皮"之说。这就像吃芋头一样，都蕴含着辟邪消灾的愿望。

四川民间人们在过中秋节时，除了吃月饼之外，还要打粑、杀鸭子、吃蜜饼和麻饼等。

中秋节期间，也正是石榴成熟之时。红似玛瑙，白若水晶，入口若晶粒玉浆。因此，石榴便成为北方地区中秋节供桌上的供品之一。因为石榴多籽，所以它被视为人丁兴旺、民族繁荣的象征。这样，在我国民间自然就形成了吃石榴的习俗。

另外，除腻消火的菱角粥和鲜嫩爽口的莲藕，也是深受民众喜爱的美食。中秋节食藕，象征团圆之意。民间的做法多以糯米填充莲藕，再浇以桂花蜜汁食之。藕香、米香、桂花香，香浓入口，寓意让团圆的家宴从这次甜蜜开始，并接连不断。

◎祭月玩偶"兔儿爷"

兔子，是一种非常可爱的小动物。它性情温驯、和善，被中国人列为十二生肖之一。在我国民间传说里面，嫦娥奔月的时候，怀里抱着一只兔子。因此，在月宫里陪伴嫦娥一起生活的，就是一只可爱的白兔。当然，这是古代劳动人民的一种美好的想象。

关于兔子登上月宫的记载，最早见于战国时期著名爱国诗人屈原的

骑红象兔儿爷

旧时，中秋节前售卖兔儿爷的商贩

《天问》："厥利维何，而顾、菟在腹？"

这里所说的"顾"是指蟾蜍，"菟"就是白兔。诗人在这里是说，蟾蜍和白兔在月亮的肚子里，对月亮有什么好处呢？另外，在晋代政治家傅玄的《拟天问》中也有记载："月中何有，白兔捣药。"兔子登上月宫之后，也就具有了仙气，世人便尊称它为"玉兔"。

到了明代末期，在我国北方民间，尤其是北京、山东等地，出现了一种专供儿童在中秋节时用来祭月的玩偶——兔儿爷。不过，在山东济南、青岛等地则多称为"兔子王"。其实，它就是一种泥塑玩具。有手工捏塑的，但大都是用模子翻塑出来的。在制作的时候，先把黏土和纸浆拌匀了作材料，填入时分成正面和背面两个半身的模子里。然后倒出来，将两部分粘合在一起，再配上耳朵，而后在其身上刷上一层胶水，上色描金即完成。

明代文人纪坤在其撰写的《花王阁剩稿》里面，对兔儿爷便有过记载："京师中秋多以泥抟兔形，衣冠踞坐如人状，儿女祀而拜之。"

最早的兔儿爷，只是仿照"月宫祃儿"上的玉兔形象。到了清代时，兔儿爷的功能已经由祭月转变成为儿童的中秋节玩具，制作也日趋精致。兔儿爷大的有3尺多高，最小的只有3寸大小。无论大小，都是粉白的嫩脸，戴着金盔，身披战袍，描绘得十分精致。兔儿爷左手托着小小的臼，右手拿小小的杵，背上还插着纸伞或小旗。它的坐骑有麒麟、老虎、狮子、大象、豹子、麋鹿、骏马等。不骑兽者，皆高踞山石、庙宇之上，或以各种大型蟠桃鲜果为其位，看上去威风十足。

关于兔儿爷的来历，在我国北方民间还流传着一个十分有趣的故事：

很早以前，人间爆发瘟疫，广寒宫里嫦娥身边的玉兔心生慈悲。

兔儿奶奶

在阴历八月十五这一天，玉兔偷偷下到凡间给人看病。可是，玉兔的功力不够，虽然变化为一副人身和人脸，但是仍然长着一双长长的兔子耳朵。

大街上的百姓见了之后，都认为遇上了妖精，吓得四散而逃。然而，玉兔毫不气馁，白天带着杵臼，走街串巷给病人看病送药。晚上，玉兔就来到寺庙里，穿上僧人的衣服呼呼大睡。

老百姓很快都知道了玉兔的好意，尊称玉兔为"兔儿爷"，纷纷请"兔儿爷"到家里去给病人看病。

每天从早忙到晚，有时候，"兔儿爷"一连数日都不得休息。瘟疫终于消除了，"兔儿爷"又回到广寒宫去了。

人们为了铭记"兔儿爷"的恩德，每到八月十五这一天，都要买一尊泥塑的"兔儿爷"偶像回家，用月饼供奉，以示纪念。

骑黄虎兔子王

身背令旗，头盘黄虎兔子王

民间的那些巧手艺人们，一般从农历四五月份就开始制作这种玩具。到农历七月中旬的时候，便开始摆摊出售，一直卖到中秋之夜。过了中秋节，就没人买它了。

中秋节玩兔儿爷，不像玩烟花、莲花灯一样，点罢便扔。兔儿爷玩罢，可以来年中秋再玩。故老北京有这样一句俚语："多年的兔儿爷——老陈人儿。"

一些心细的孩子，在过完中秋节之后，就会将大人为其购买的兔儿爷小心翼翼地收藏起来。数年下来，居然拥有了一排姿态各异，色彩不一的兔儿爷，也为他们的童年留下了一段美好的回忆。

如今，在一些民俗展会或博物馆里面，偶尔还能看到兔儿爷那威风而又逗趣的身形。然而，当它们远离了孩子们的宠爱，并离开中秋节这个特定的氛围时，它们的神韵也减退了许多。

◎绚丽多姿的中秋节习俗

月神，因为有了嫦娥奔月这个美丽传说的渲染，便具有了更多浪漫而神奇的色彩。在中国民间，人们更愿意把月神奉为主管婚姻和生育之神。因此，在全国不同地区、不同民族的中秋节习俗中，形成了许多以求爱、祈子为主题的民俗活动。

月亮称为"太阴"，月神实为女性之神。然而，在我国民间，人们通过丰富的想象力将月神的职责细化开来。主管婚姻的月神，竟然变成了一位银发苍苍的老者，即民间俗称的"月下老人"。而仪态万方的"月宫娘娘"，则主管妇女生育之事。

民间传说，在八月十五这天，月下老人会抛出无数红线，把一对对青年男女拴在一起。节日的这天晚上，

民间面塑艺人捏塑的月宫娘娘

中秋皓月之下，正是年轻人倾吐心声的美好时刻

东西南北不同民族的青年男女，都有在皎洁的月光下寻找意中人的风俗。

旧时的中秋之夜，在福建一些地区有抛帕招亲的习俗。一般是在广场上搭起一彩台，布置成月宫的景状，设玉兔、桂树等。一些未出嫁的姑娘便会扮成嫦娥，将一些绣着不同花色的手帕向台下抛去。如有人接到的手帕与"嫦娥"手中的花色相同，即可登台领奖。有些未婚的小伙子在交还手帕时，若受到"嫦娥"喜欢，则可以戒指相赠。此后，双方可以交友往来，情投意合者便喜结良缘。

江苏南部地区的青年男女，有在中秋节之夜"借月幽会"的习俗。当地人认为，男女恋人如果能够在月老眼皮底下幽会，互相倾吐衷肠，爱情就会纯洁美好。中秋之夜，青年男女都会穿上漂亮的衣服，邀心上人踏月漫步，直到天明。

苗族的男男女女，每到中秋之夜，全家团聚后，都要到山林空地上载歌载舞，举行"跳月"的活动。

青年男女在"跳月"中，相互寻找心上人，倾吐爱慕之情，表示要像月亮一样，心地纯洁明亮，永结白头之好。

过去，东莞一带的妇女相信"月老为媒"，凡家中的成年男女无意中人者，便于中秋夜晚三更时分，在月下焚香燃烛，祈求月老为其牵线撮合。

在中秋之夜，不少地区还流行求子之俗，这是古代生育崇拜的表现。民间传说，久婚不孕的妇女为求子，可以在八月十五夜晚，月到中天之时，独坐在庭院里，静沐月光，不久定能得子。

后来，静坐沐浴月光以求得子的习俗，在有些地区则演变为在月光之下闲游，以求照月得子，称为"走月亮"。

明代文人张岱在《虎丘中秋夜》中，详细描述了当时苏州中秋之夜闲游的盛况：中秋之夜，妇女们可以盛装出游，踏月访亲，或逗留尼庵，深夜不归。

"走月亮"风俗，是民间妇女的解禁日。她们在结伴闲游的背后，隐含着祈求生育的意义。

月下怀思

"走月亮"，其实就是我国民间中秋节的祈子风俗之一。随着时间的推移，由"走月亮"的风俗逐渐衍生出不少有趣的祈子活动。

湖南湘潭地区，有中秋节游宝塔的习俗。这个风俗跟"走月亮"一样，目的也主要是为了婚育。在当地还流传着这样一首民谣："八月十五游宝塔，带起香烛敬菩萨；堂客们生个胖娃娃，满妹子对个好人家。"

江南一带的妇女若盼望尽早生育，她们会在中秋节之夜，先游夫子庙，然后结伴"走桥"。桥栏上的狮头或龙首，成为出行少妇们的争相抚摸的对象。她们为的是能够得到月神的恩惠，祈子的意义非常明显。

安徽、浙江等地，中秋节时，大人们让小孩去偷邻家的倭瓜或者去偷挖带着"芋头母疙瘩"的子母芋，泥水淋淋地放到新婚人家的被子里，弄得床褥极脏。人们用这种特殊的方式表示送子和祝福。

除了这些与婚育相关的习俗之外，其他习俗也是千姿百态，妙趣横生。

浙江杭州一带，除了中秋节赏月之外，到钱塘江观潮可谓是中秋节的又一大盛事。由于钱塘

浙江杭州一带，在中秋时节自古就有观潮的习俗

中国传统记忆丛书

圖说
老節俗

烧塔

江的地形类似于一个漏斗，每当海潮涌至，受到渐进渐狭的地形影响，波浪便重重叠叠地堆积成一道水墙，声势浩大，极为壮观。

南宋文人吴自牧所著的《梦粱录》里面以及明代文人朱廷焕的《增补武林旧事》一书里面，都有时人观潮风俗的记载。而且中秋观潮之事，在宋代的时候已经达到空前绝后的巅峰。直至今天，钱塘江观潮，仍然是浙江省中秋节最具特色的观光项目之一。

中秋夜烧塔、燃灯的习俗，在我国南方的一些地区也十分盛行。塔灯高1至3米不等，多用碎瓦片砌成，大的塔还要用砖做基石，顶端留一个塔口，供投放燃料时用。

广东民间则有一种柚皮灯，是用红柚皮雕刻而成的。柚皮灯上面雕刻着各种人物、花草图案，中间安放一个琉璃盏，红光四射。江西清江地区，在中秋节这天有镂瓜做灯的习俗，瓜灯的形状犹如圆月。儿童们则在乡野村头以瓦砾堆砌"佛塔"，在里面添上柴草燃烧。远远看去，四面玲珑，宛如火树。

烧塔、燃灯的习俗，是人们借助佛家的力量，求取生活平安的心理寄托。但是，对于那些快乐天真的孩子们来说，这更像是中秋节里的一个古老而有趣的游戏。

江苏无锡民间，有在中秋之夜"烧斗香"的习俗。人们在香斗的四周糊上纱绢，绘上月宫的图案。也有的香斗以线香编成，上面插有纸扎的魁星和彩色旌旗。

安徽省的一些地方，则有在中秋节玩"中秋炮"和"舞火龙"的习俗。"中秋炮"不是我们平常所见的爆竹，而是当地人用稻草扎成的鞭子。人们将扎好的稻草鞭子放在水里浸湿之后，拿出来对着石头使劲抽打，就会发出像爆竹一样的清脆响声。

"火龙"，也是用稻草扎成的。人们在草龙的身上插满香，然后敲锣打鼓，舞动着沿街游行。待游遍各村之后，再将它送入附近的河里，让它随流而下，以表示升天。玩"中秋炮"和"舞火龙"的习俗，其实就是一种在中秋节庆贺丰收、祈祷平安的仪式。

中秋节的习俗很多，形式也各不相同，但是，无论再怎么衍化，中秋节的中心主题是恒久不变的，那就是团圆、幸福与美满！

第九章：人寿年丰，九九重阳

◎重阳节的由来

金秋时节，硕果飘香。伴随着清爽的秋风，人们又迎来了九九重阳节。"重阳"之说，是出自《易经》一书。该书以九为阳数，九月九日，两阳相重，故名"重阳"，又称"重九"。

重阳节，是我国民间一个古老而传统的节日。重阳的源头，可追溯到先秦之前。据战国末期的杂家著作《吕氏春秋》记载，当时人们在秋季九月农作物丰收之时，都要举行祭祀天帝和祖先的仪式，以感谢天帝和祖先的恩德。这种秋祭的仪式，应该是重阳节的雏形。

九九重阳，早在春秋战国时期的《楚辞》中就已经提到了。当时的伟大诗人屈原在《远游》中写道："集重阳入帝宫兮，造旬始而观清都。"

到了汉代，重阳节逐渐兴盛起来。在汉代刘歆的《西京杂记》一书里面，记载了这

九九重阳，是一个硕果飘香的节日

样一件跟当时重阳节风俗有关的事情：

据说，汉高祖刘邦的爱妃戚夫人，被吕后残害致死后，其侍女贾佩兰也被逐出宫去。后来，她嫁给一个平民为妻。有一次，她跟人们谈起了每年九月九日在皇宫中饮菊花酒、吃"蓬饵"、佩带茱萸，以求长寿的故事。

由此可见，现在所见的重阳节的许多习俗，在汉代的时候已经出现了。而重阳节求寿之俗，应该是受当时巫师以及后来道士追求长生不老之术，采集药物服用的影响而产生的。

三国时期，魏文帝曹丕在《九日与钟繇书》里面，已经明确提到了重阳节登高饮宴的习俗。到了魏晋南北朝时期，重阳节在民间已经受到了普遍重视。晋代文人周处在《风土记》中写到，人们在重阳节这天会登高聚会饮宴。这一习俗，在当时已经称为"登高会"或"茱萸会"了。

晋代大诗人陶渊明在《九日闲居》诗的序文中说："余闲居，爱重九之名。秋菊盈园，而持醪靡，空服九华，寄怀于言。"由诗人的这段抒怀可以看出，当时的重阳节已经出现了饮酒赏菊的风俗。

南朝齐武帝在永明四年（486年）的重阳节那天，曾率领群臣到南京东郊的孙陵岗登九日台，而且还对群臣赐饮菊花酒。到了唐代时，官府正式颁布法令，将重阳节定为民间的一个重要节日之一。

从此以后，中国人民无不把重阳节视为一个重要的节日。而在节日里，登高、赏菊、佩茱萸、吃重阳糕、饮重阳酒等种种节俗活动，使这个节日显得多彩多姿。

登高聚宴赋诗，是古代文人雅士在重阳节里的一个古老的习俗

◎登高远眺避灾祸

登高，是重阳节的重要习俗之一。因此，重阳节又叫"登高节"。农历九月，是一年当中的黄金时节。九九艳阳天，云淡山清，秋高气爽，又正值庄稼、水果丰收的季节。橘红橙黄，栗开榴绽，金桂飘香，满山丰硕的果实，风光旖旎。这一时节，正是登高远眺，舒畅胸怀的好时光。

登高之俗始于西汉，在汉代刘歆所著的《西京杂记》里面，就已经有了九月登高习俗的记载。而且当时登高的风俗，已经有了驱邪免灾的用意。

登高的场所，没有统一的规定，一般是登高山、登高塔。当然，人们登高不单纯是为了攀高，还要观赏山

重阳节登高的习俗，含有辟邪驱凶的吉祥寓意

上的红叶野花，并饮酒赋诗，玩乐一番，从而使登高与野宴结合起来，更加具有吸引力。关于重阳节登高习俗的起源，民间有多种不同的说法：

一种说法认为，登高习俗是源于古人对山神的崇拜。在神秘的阴阳观念居支配地位的古代，九九重阳意味着阳数的极盛，凡事盛极必衰。因此，九九重阳之日，跟五月初五一样，是一个令人生畏的灾日。人们为了避开这一不吉之日，就采用了一种超乎寻常的行为，以外出登高野游的方式，脱离有可能发生灾祸的日常时空。

而古人认为山神能使人免除灾害，所以人们在"阳极必变"的重阳日子里，要前往山上游玩，以避灾祸。或许最初还要祭拜山神，以求吉祥，后来就逐渐演变成为一种娱乐活动。

另一种说法认为，重阳节登高的习俗有可能源于农事活动。因

为在重阳时节，秋收已经完毕，农事相对比较空闲。此时，又是山野里的野果、药材之类的成熟季节，故而农民们纷纷上山采集野果、药材和供副业用的植物原料。

旧时，我国民间不少地区在金秋时节有祭拜山神的习俗

在收获之后，人们会在山峰高处，举行一些庆祝活动。时人把这种聚会活动称为"登高会"或"登山会"。

登高会年年举行，参加活动的人也越来越多，而且不再局限于上山采集野果、药材的农民，一些文人墨客和社会的上流人士也纷纷参与其中。经过年复一年的演变，当重阳被固定为一个节日的时候，登高也就成为这个节日的中心活动之一了。

在我国民间，关于登高习俗的由来，还流传着一个有趣的故事：

相传，在东汉时期，有一个名叫费长房的人，他神通广大，不仅能呼风唤雨，还能遣神捉鬼。在汝南有一个叫桓景的青年，他打听到费长房是一个本领很大的人，就跋山涉水找到费长房，恳求拜他为师。费长房见桓景的决心很大，便收他为徒，教他学本领。

有一天，费长房很慎重地对桓景说："九月九日这一天，你的家乡将有大瘟疫降临，得提早做好准备哇！"

桓景听了，十分惊慌，连忙磕头求师傅教给他回避这场灾难的办法。费长房思忖了一会儿，说："好吧，我给你茱萸叶子一包，菊花酒一瓶，让乡亲父老们登高避祸。"

重阳节登高的最佳去处是附近的高山

桓景回到家乡，召集乡亲，把师傅的话跟大伙传达了。九月九日那天，桓景领着家人，与父老乡亲登上了附近的一座山。每人分了一片茱萸叶子，并呷了一口菊花酒，这样瘟魔就不敢靠近了。他们平平安安地度过了这个白天。

傍晚时分，桓景一家与众乡亲

回到家中一看，大吃一惊，家里的牛羊鸡犬都死了。他们果真避过了一场灾难。从此以后，重阳节登高、佩茱萸、饮菊花酒的习俗，便一直流传了下来。

当然，这个故事只是民间附会的一种传说罢了。但是，登高作为一项古老的传统习俗，其拥有悠久的历史是毋庸置疑的。

自古以来，中国的文人雅士就喜欢在重阳节登高。他们一面登高远眺，欣赏山河美景，一面饮酒赋诗，抒发情怀。

南朝史学家沈约在《宋书·谢灵运传》中提到，谢灵运在登山的时候，总是选择那些岩障千重，险途回生的山峰攀登，从而寻觅幽境。他还根据自己登山的经验，发明了一种专门用来登山的木屐。

人们把这种木底鞋称为"谢公屐"。穿"谢公屐"登山的好处是什么呢？它好就好在底部分前后齿，可以装卸。在往山上攀爬的时候，可以去其前齿；在下山的时候，则将后齿去掉。穿了这种木屐在山上走路，犹如走平地一样稳当。因此，唐代诗人李白在《梦游天姥吟留别》一诗中，才会有"脚著谢公屐,身登青云梯"的感慨。

隋、唐时期，重阳节登高的意义更为丰富。这时人们登高不单是为了避邪消灾，还要观赏山上的花草树木，并饮酒吃肉，享受一番。这使得登高的习俗逐渐与野宴结合了起来。如隋时孙思邈的《千金方》记载："重阳日，必以看酒登高远眺，为时宴之游赏，以畅秋志。酒必采茱萸，菊以泛之，即醉而归。"

到了宋代，重阳节登高之风愈加盛行。据宋代文人孟元老的《东京梦华录》记载，每到重阳佳节，京都的市民纷纷涌到郊外登高。当时，较为出名的登高之处有仓王庙、四里桥、愁台、梁王城、砚毛驼冈、独乐冈等。

明、清时期，重阳节登高的习

南北朝著名诗人谢灵运酷爱登山，他还发明了专门用于登山的鞋子——谢公屐

清朝的慈禧太后每年重阳节都
要到北海东面的桃花山登高野宴

俗更为流行。清代文人富察敦崇所著的《燕京岁时记》里面，记载了清代北京民间在重阳节这天登高野宴的热闹景象。每到重阳节之时，京城的人们提着酒菜，出门登高。京城南面的天宁寺、陶然亭、龙爪槐等处，都是登高饮宴的好去处。在这些地方，随处都能见到赋诗饮酒、烤肉分糕的游人。

有些贵戚富家则带上帐篷、烤具、车马、乐器，登高台、土坡，架起帐篷、桌椅，大吃烤羊肉或涮羊肉，并唱戏奏乐，听歌看舞。如清末慈禧太后，每年重阳于北海东的桃花山登高野宴，并架蓝布围障，防止闲人偷看。

民间登高的场所，遍及全国各地，其中最著名的有北京的香山、广州的白云山、江西南昌的滕王阁、山东的牛山等等。

一直到今天，登高仍是一项深受人们喜爱的健身活动，而且登高的活动早已经不再局限于重阳节这天了。人们利用节假日，纷纷扶老携幼登山健行。这样，可以使人们在接触大自然的过程中，锻炼身体、调节心情，还可以增进人际关系。这真是一项一举多得的活动。

◎驱除瘟疫佩茱萸

过去，我国民间在重阳节这天，还有佩戴茱萸的习俗。茱萸是一种常绿小乔木，有吴茱萸和山茱萸两种。它们都可以入药，但是功效以吴茱萸为佳。

吴茱萸产于吴地（今浙江一带），也叫越椒或艾子。吴茱萸可以长到一丈多高，叶片为羽状复叶。初夏开绿白色的小花，结的果实似椒子，秋后成熟。果实嫩的时候呈黄色，成熟后变成紫红色，有

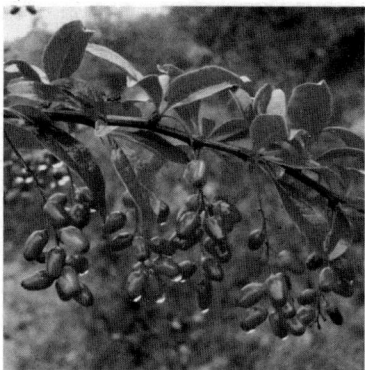

山茱萸

温中、止痛、理气等功效。茱萸的叶子还可以治霍乱，根可以杀虫。

古人认为佩戴茱萸能够辟邪除灾。晋代文人周处在《风土记》中记载，九月九日折茱萸插在头上，能够辟除恶气，而抵御初寒。同时，周处还在书中将重阳节称为"茱萸会"。由此可见，佩戴茱萸是当时重阳节的一个重要习俗。

周处是东吴义兴（今江苏宜兴）人，所记的风俗是江南风俗。比周处稍后的晋朝人陆翙撰写的《邺中记》里面，也写到重阳有登高和佩茱萸的习俗。邺中是现在的河北省临漳一带，可见在当时，北方也有同样的习俗。

在唐代时，重阳节佩戴茱萸的习俗已经非常普遍。佩戴茱萸，成为重阳节的主要标志之一，因此，重阳节也称"茱萸节"。唐代文学家张说在《湘州九日城北亭子》一诗里写道："西楚茱萸节，南淮戏马台。"从节俗的原始意义来看，佩戴茱萸与登高的习俗应该是最早结合的。

在唐代的诗歌作品当中，有诸多涉及这一风俗的诗句，比如张说《九日进茱萸山诗五绝》的"萸囊系牧童"，孟浩然《九日》的"茱萸正可佩"等等。当然，最脍炙人口的，当属王维的那首《九月九日忆山东兄弟》："独在异乡为异客，每逢佳节倍思亲；遥知兄弟登高处，遍插茱萸少一人。"

王维写这首诗时，人正在长安，只有十几岁。一个少年客居在外，不免会时时想家。尤其是每逢节日，看到别人家欢聚一堂，不禁更加思念自

唐代著名诗人王维年轻时以一首《九月九日忆山东兄弟》，将古人插茱萸的习俗深刻地留在后人的记忆里

己的亲人了。重阳节时，长安城里每家每户都要佩茱萸，想到家里在佩茱萸时少了一人，这就是自己呀！

通过这些诗歌也能够看出来，茱萸是当时重阳节俗的必不可缺之物。抛开迷信的说法，重阳节佩戴茱萸的习俗应该与端午节悬挂艾蒿和菖蒲差不多，是有一定科学道理的。

佩带茱萸可以除虫防蛀。因为过了重阳节，就是十月小阳春，天气有一段时间会回暖。而在重阳节前后的那段时间，秋雨潮湿，秋热也尚未退尽，衣物容易霉变。这段时间又是桂花盛开之时，所以民间称之为"桂花蒸"。这时候，就必须防虫。茱萸有小毒，有除虫的作用，民间制作"茱萸囊"的风俗也是因此而来的。

但是在宋、元之后，民间佩带茱萸的习俗逐渐减少了。到了清代，重阳节的习俗逐渐演变为把菊花枝叶贴在门窗上，以此举"解除凶秽，以招吉祥"。这是因为重阳节早期在民众的心目中只是强调辟邪消灾，但是随着人们生活状态的改善，人们不仅关注当前的现实生活，而且对未来生活给予了更多的期盼，祈求长生与延寿。所以"延寿客"（菊花）的地位，最终盖过了"辟邪翁"（茱萸）。

◎把酒赏菊益心神

农历九月，正是菊花盛开的时节，所以九月又称"菊月"。在我国民间，菊花又有"长寿客""延寿客"之美誉。故而，菊花在重阳节里与茱萸一样，也扮演着非常重要的角色。

据史料记载，我国是世界上最早种植菊花的国家。在西汉礼学家戴圣编撰的《礼记·月令》中就有"季秋之月，鞠有黄华"的记载。在战国时期伟大诗人屈原的《离骚》里面，也有"朝饮木兰之坠露兮，夕餐秋菊之落英"的诗句。

明代画家陈洪绶的《墨菊图》

到了唐代，菊花种植技术东渡日本，菊花则被称为"皇家御用花"。公元12世纪，菊花传入英国；到17世纪，菊花才传遍欧洲；又到19世纪，菊花开始传入美洲。

自古以来，我国各地广泛栽种菊花，并涌现出不少研究菊花的专著。其中较为著名的，如宋代刻印的《菊谱》、清代刻印的《广群芳谱》等。

既然爱者多，种者广，菊花的品种也越来越多，至今发展到数千个品种。如白色的有"白牡丹""白剪绒""劈破玉""银盆菊"等等；黄色的有"金芙蓉""蜜西施""御带飘香""莺乳黄""金纽丝"等等；红色的有"晓香红""二乔""状元红"等等。菊花的名字，美雅而富有诗意。

它们色彩缤纷，争奇斗艳，清芳幽香，不畏霜寒，深受人们的喜爱。重阳节赏菊花的习俗，在晋代的时候就十分盛行。当时的大文学家陶渊明，一生酷爱菊花，以菊花为伴，号称"菊友"。

陶渊明种菊花，既观赏又食用。每到秋日，菊花盛开的时候，亲朋好友经常到他家来赏菊。他就烧菊花茶款待亲朋，大家走时他还要采菊相送。

唐代更是无菊不重阳。诗人王维在《奉和重阳节上寿应制》一诗中写道："无穷菊花节，长奉柏梁篇。"直称重阳节为"菊花节"，可见赏菊在节日中的重要地位。

现代瓷板画《陶渊明爱菊图》

如果说唐代没有菊花就不能过重阳节，那么，宋代的重阳节就完全可以称为"赏菊节"或"菊花节"了。

在宋代，重阳节赏菊成为一时盛举。无论皇室贵戚，还是文人士子、小民百姓，在重阳节这天都要赏玩菊花。

宋代文人孟元老撰写的《东京梦华录》中记载了当时重阳节赏菊的情景："九月重阳，都下赏菊，有数种。其黄、白色蕊若莲房曰'万龄菊'，粉红色曰'桃花菊'，白而檀心曰'木香菊'，黄色而圆者曰'金龄菊'，纯白而大者曰'喜容菊'，无处无之。酒家皆以菊花缚成洞户……"

可见宋人在重阳节赏菊盛况，甚至连酒店都特别用菊花扎成一座"花门"，让酒客从菊花门下进出。或许，在喝完酒之后，那些爱菊的酒客们，还可以随手拔一枝菊花玩赏哩，真是情趣盎然。

重阳节赏菊，是一个古老的习俗

到了明、清时期，民间有的地方在重阳节这一天，还要举行隆重的菊花大会。届时，人们倾城出动观看菊花，人山人海，热闹空前。

清代文人富察敦崇在《燕京岁时记》里面还写到，每到重阳节时，一些富贵人家就会把数百盆菊花摆设在架子上，构成一座"菊花山"。而由四面同时向上堆积而成的，则称为"菊花塔"。

从对"菊花山"和"菊花塔"的记载可以看出，人们赏菊已不仅仅是置身菊园观赏，而是将成百上千的盆栽菊花设置成各种不同的形状，气势壮观，清香满天。

赏菊之俗，撇开其辟邪观念不论，确实有陶冶性情、美化生活的作用，所以才流传至今。

菊花入药，有祛风明目、清热解毒的作用。于是，古人由菊花的药用价值产生联想，认为食菊花能够延年益寿。在《风俗通》一书里面，便记载了这样一则食菊延寿的轶事：

在汉代，南阳郦县有一个叫甘谷的地方，那里是长寿之乡。30多户人家，年长的一百二三十岁，年少的也一百岁多一点。即使"短命"的也都在七八十岁。为什么那儿的人这么长寿呢？

现代菊花展会上的"菊花篮"

原来，那里的村民祖祖辈辈都喝山上流下来的溪水，而山上的溪边生长着许多大菊花，致使溪水里含有不少菊汁。因为菊汁能够延年益寿，所以这里的人才会如此长寿。

当时，身在南阳的司空王畅与太尉刘宽听说了这件事之后，半信半疑。于是，就令郦县每月送20斛"菊花水"供他们饮用。他俩原本都患有风眩病，由于饮用了这种"菊花水"，很快就痊愈了。

有关郦县"菊花水"的传说虽不可靠，但却反映出古人很早就已经了解到菊花的药用价值。至今，我国民间仍有饮菊花茶的习俗。

对菊花药用价值认识的神秘化，便产生了对菊花神奇功效的崇拜。重阳节饮菊花酒的习俗，即由此而来。

我国酿制菊花酒，早在汉魏时期就已经盛行。在汉代刘歆撰写的《西京杂记》里面，就有关于菊花酒的记载。

古时的菊花酒，一般都是在头一年的重阳节酿制，然后到第二年的重阳节饮用。九月九日这天，采下初开的菊花和一点青翠的枝叶，掺和在准备用来酿酒的粮食中，然后一起发酵之后酿成酒。传说，喝了这种酒可以延年益寿。

还有用干菊花酿造的菊花酒。《月令广义》说："黄菊晒干，用瓮盛酒一斗，菊花二两，以生绢悬于酒面上，约离一指高，密封瓮口，经宿去袋，酒有菊香。"将装有干菊花的袋子悬于酒面，再密封瓮口，其目的就是让菊花的香气渗透酒中，而不影响酒的清澈。

到了明、清时期，菊花酒中又加

菊石图

昔日，在农历九月九这天，民间酿酒业有祭祀酒神的习俗。这是祭祀时使用的酒神纸马

入多种草药，使得菊花酒具有疏风除热、养肝明目、消炎解毒的功效。古人笃信，重阳节饮菊花酒能延年益寿。

明代文人高濂在《遵生八笺》中记载了当时菊花酒的制作方法：用甘菊花煎汁，用曲、米酿酒或加地黄、当归、枸杞诸药。

此外，由于菊花酒的缘故，重阳节又成为祭祀酒神的"酒神节"。如古代山东地区的许多酒坊，都要在重阳节时祭祀酒神杜康。每当酿出初酒时，酒坊掌柜就要亲自点燃香烛，并摆下供品祭祀酒神。而在贵州茅台镇，每年大都于重阳节开始投料下药酿酒。传说九九重阳，阳气旺盛才酿得出好酒。这些风俗都表明，重阳节与酒有着很深的渊源。

菊花酒，犹如一种节日的"兴奋剂"。有了酒香的飘溢，整个节日的气氛就会变得浓厚起来，也留下了许许多多美好的传说。

◎重阳花糕飘香时

重阳节的应节食品为重阳糕，民间也叫"花糕"或"重阳花糕"。此糕的制作方法较为随意。有发面垒果蒸制的，也有用黄米、糯米捣成的。但凡重阳节吃的松软糕类，都称为"重阳糕"。

那么，重阳节为什么要吃糕呢？

对此，我国民间普遍认为这一美食的诞生，与民间登高的习俗有关。在古时候，当重阳节登高的习俗在全国各地流行开之后，平原地区却无"高"可登。于是，有人想出一个替代的办法，九月九日做糕吃。取"糕"与"高"同音，吃糕便意味着登高消灾了。所以，重阳糕才广受人们的青睐。

重阳糕

重阳节吃糕的历史十分悠久。据《西京杂记》记载，在汉代的时候，重阳节已经有了吃"蓬饵"的习俗。"蓬饵"，即最初的重阳糕。饵，即古代之糕，今之糕点、米果之类。先秦典籍《周礼》中所记载的"饵"，就是在祭祀或宴会上用来食用的。汉代称为"蓬饵""黍糕"，可能跟今天的糕已经差不多了。

到了唐代，吃重阳糕的习俗已经开始流行。当时的重阳糕，被称为"麻葛糕"。到了宋代，随着城市经济的发展，在都市里出现了许多独立经营糕饼食品的店铺。而且当时重阳节所吃的糕，已经被称为"重阳糕"了。据南宋文人吴自牧的《梦粱录》记载，当时重阳节吃糕已经非常讲究。重阳节这天，都城的店肆，以糖面蒸糕，并加入枣、栗子、杏仁、花生、葡萄干等干果，有的则在糕上撒上猪肉或鸭肉切成的肉丝。更为有趣的是，人们还用彩纸剪出一面面三角形的小旗即"重阳旗"，插在重阳糕上面。

这种在重阳糕上插小旗的习俗，至今仍在部分地区流行。这样做的目的，其实就像是以食糕代替登高一样，以插重阳旗替代插茱萸，从而使那些受物产资源限制，不方便采集茱萸的人们也能快乐地过节。

在明、清以后，重阳糕又多称"花糕"。重阳糕已成为都市、乡村的重要应节食品之一。讲究的重阳糕要做成9层，像座宝塔，上面还要做成两只小羊的形状，以符合重阳（羊）之含义。有些巧手的妇女们，还要用各种颜色在糕顶上画上"二龙戏珠""鲤鱼跳龙门"等吉祥图案。

旧时，那些售卖重阳糕的小贩大都会在糕上插满漂亮的小旗

在江南乡下，重阳节早上吃的是糯米煎糕。人们将糯米粉和好，搓成长条，并压成约10厘米长、5厘米宽的两头带圆的长条小糕。然后，将它们放入油锅，直到两面煎至金黄时起锅。在吃的时候，撒上白糖，又香又甜。

老北京地区，则吃用发面做的花糕。老北京的花糕主要分3种，即"粗花糕""细花糕"和

自古至今，每当重阳节或春节来临时，民间都有打糕的习俗

"金钱花糕"。粗花糕的特点，一般是在糕上粘些香菜叶，中间夹上青果、小枣、核桃仁等糙干果；"细花糕"则2到3层不等，每层中间都夹有较细的蜜饯干果，如桃脯、苹果脯、杏脯、乌枣之类；"金钱花糕"跟"细花糕"基本相同，但是个儿较小，犹如"金钱"一般，多是上层贵族的食品。

旧时，人们过重阳节的时候，除了在糕上面插重阳旗替代茱萸之外，江南有些地方还有举行重阳彩旗盛会的习俗。

每年中秋节一过，民间的画师或巧手艺人们，便开始动手绘制各种纸旗。他们所选用的创作材料，都是上等宣纸或连史纸，并裁剪成大小不一的三角形、长方形或正方形，边缘皆镶纸质流苏。至于所画的内容，大都是"麒麟送子""八仙过海""麻姑献寿""刘海戏蟾"等民间广泛流传的吉祥题材。当然，也有一部分取材于古典演义小说，如《封神演义》《三国演义》《岳飞传》等。

今天的重阳节，已经变成了一个以尊老敬老为活动主题的"敬老节"

在重阳节前夕，人们将绘制好的重阳旗插在门前。大街小巷，犹如一片旗海，各式彩旗琳琅满目，迎风招展，美不胜收。此时，街巷里人头攒动，喝彩声不绝于耳，犹如正月十五观花灯一样热闹。

无论是吃重阳糕还是插重阳旗，它们真正的寓意都是祈求平安和健康长寿，从古至今从未改变过。

　　在今天的重阳节里，佩茱萸、插重阳旗、饮菊花酒等旧日的风俗虽已罕见，但重阳糕那绵软香甜的味道，仍在默默地滋润着很多人的记忆。而且今天的重阳节，已被赋予更多新的含义，成为了一个以尊老、敬老、爱老、助老为主题的"老人节"！

第十章：冬至阳生，数九消寒

消寒图

◎祭天敬祖，冬至大如年

冬至俗称"冬节""长至节""亚岁"等。冬至，是我国农历中一个非常重要的节气，也是一个传统的节日。在我国民间不少地方，至今仍有过冬至节的习俗。

过了冬至，经过小寒、大寒，便是春节了。冬至在哪一天，每年都不一样；但总是在农历的十一月里，因而民间有"冬至不离十一月"的说法。但根据阳历来计算，日历非常准确，一定是在每年十二月的二十二日或二十三日。因为它的日子并没有固定，所以和清明一样，被称为"活节"。

早在春秋时期，我国就已经用土圭观测太阳，并测定出冬至来了。在二十四节气中，它是最早制订出来的一个。

冬至节的"至"字，是极点、顶点的意思。它并不是指气温在冬至这一天冷到了极点，而是指地球绕太阳旋转时的位置关系。冬至这天之前，太阳在天空中的方位是一天天往南边偏过去；冬至之后，太阳在天空中的位置是逐渐向北来。对我们生活在北半球的人来说，冬至这天是白昼最短的一天。冬至之后，白天便一天

冬至，意味着严寒数九的开始

比一天长起来了。

因而，民间才会有"冬至阳生"之说。唐代大诗人杜甫在《小至》诗中曾写道："天时人事日相催，冬至阳生春又来。"对冬至做了准确的描述和赞咏。

在古代，冬至曾是一个隆重的节日。周代时，除日（年三十）和除夕不在年终，而是在冬至的前一日。那时的二十四节气，也是以冬至为首的。劳动人民喜爱抚育万物的煦煦阳光，所以特别重视冬节，皆认为"冬节大如年"。

到了汉代，冬至被列为节令。在冬至前后，从皇帝到百官都停止办公，全部休假来举行庆贺活动，称为"贺冬"。

222

20世纪70年代民间织锦上的北京天坛圜丘图案

冬至这天，最隆重的该算是皇帝的"祭天"大典了。祭天，就是古代的郊祀礼。中国人相信，夏霜、冬雷、风霾、流星、水旱灾、地震等等异象，都是上天对人世的一种惩罚，因为人间有些事情违反了天意。这时，身为天帝之子的皇帝，就必须下诏承认自己犯了过错，以禳灾祈福。而为了预祈来年的平安，祭天成了帝王每年冬至时隆重的例行公事。

祭天大多在京城的南郊，因为天是阳、地是阴，所以祭天应该在向阳的南边，祭地应当在向阴的北边。

那么，冬至的祭天之礼是怎样的呢？也就是立祭牌、立牌位、燃起大火、跳起舞或唱起歌、献上祭品、祈祷一番，如此而已。此后，在历代的祭天仪式中，这些礼节都是共有的构成因素。

北宋孟元老撰写的《东京梦华录》里面，便详细记载了当时的祭天仪式：在前往郊坛行礼之前，皇帝要换上青衮龙服，头戴二十四旒（古代帝王礼服前后的玉串）的平天冠，并佩戴纯玉佩。郊坛高三层，七十二级，坛面方圆三丈许。上设"昊天上帝""太祖皇帝"的牌位。先奏乐，跳文舞、武舞，皇帝在坛上顶礼膜拜。军队、仪仗、百官立于坛边，多达几十万，其场面之宏大可见一斑。

旧时，民间拜冬的习俗是弘扬孝道的一种集中体现

明、清时期，冬至皆袭古俗，两代皇帝均有祭天大典。在冬至这天，宫内有百官向皇帝呈递贺表的仪式，皇帝要亲自至南郊圜丘（在天坛内）行祭天大礼，以报昊天上帝恩德。冬至前一天，太常寺通知各衙门，皇帝将行郊天大祭。从午夜起布置祭坛，坛旁设天灯竿、旌旗等。天明后，皇帝率王公大臣等赴坛行礼，严禁庙宇鸣钟、擂鼓和居民放鞭炮，以示敬肃。皇帝祭天完毕还宫，还要在太和殿举行隆重的庆贺典礼，称"冬至大朝贺"。其仪式与元旦大朝贺相同。

在古代，我国民间的普通百姓在冬至这天，除了要全家团聚、欢乐饮宴之外，还要向父母尊长行拜节之礼。

在北魏崔浩撰写的《女仪》中记载：媳妇于冬至节还要给公婆各赠一双新鞋、新袜。至今，在我国北方一些农村地区仍流传着这一古老的习俗。

旧时，冬至节还是我国民间的"尊师节"。在冬至这天，由地方学董牵头宴请教书先生。首先由先生带领学生拜"至圣先师"孔子的牌位，然后再由学董带领学生们拜先生。山西民间有"冬至节教书"的谚语，说的就是这种尊师的风俗。时至今日，这种在冬至节向父母师长行拜节之礼的习俗，其实仍值得社会大力弘扬！

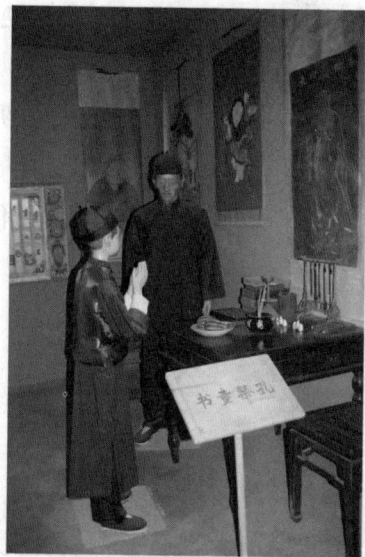
书童们在冬至这天祭拜孔子，这也是昔日冬至节的一个重要习俗

◎冬至节的饮食习俗

冬至节，作为一个全家欢聚的重要节日，美食自然必不可缺。由于各地生活习俗的不同，便形成了诸多不同的饮食习俗。在过去，冬至吃馄饨，便是我国民间比较普遍的一种习俗。

馄饨的名号繁多，北方及江浙等大多数地方称馄饨，而广东则称"云吞"，湖北称"面包"，江西称"清汤"，四川称"抄手"，新疆称"曲曲"等等。

从形态来说，其实馄饨就是皮薄的水饺，较水饺略小，形状也稍有不同。在中国，冬至吃馄饨有着悠久的历史，南宋文人周密在《武林旧事》一书中提到杭州人过冬至节时说："三日之内，店肆皆罢市，垂帘饮博，谓之'做节'。飨先则以馄饨，有'冬馄饨，年馎饦'之谚。贵家求奇，一器凡十余色，谓之'百味馄饨'。"由此可见，当时制作馄饨比现在还要讲究。

冬至为什么要吃馄饨呢？

相传，是为了纪念先祖开天辟地的功劳。如清人富察敦崇在《燕京岁时记》里说："夫馄饨，形有如鸡卵，颇似天地混沌之象，故于冬至日食之。"

远古之人，以天地未分、阴阳未分为混沌。冬至日，阳气始萌，阴气减消，故吃馄饨以相贺时序之变，阳春之始也。

吃汤圆也是冬至的传统习俗，在江南地区尤为盛行。冬至可以用来祭祖，也可用于互赠亲朋。古人有诗云："家家捣米做汤圆，知是明朝冬至天。"

每逢冬节，台湾地区有蒸九层糕拜祖先的习俗。九层糕包括甜糕、咸糕、萝卜糕、芋头糕、松糕等等，加上龟背形上砌成的寿字和用糯米饭捏成的鸡鸭鹅、猪牛羊，

馄饨，是冬至节的代表性美食之一

用蒸笼分层蒸成。其意思是子孙们用劳动创作的果实纪念自己的祖宗。

同姓、同宗者在冬至这天，要集体到宗祠中按照长幼之序，一一祭拜祖先，俗称"祭祖"。祭奠之后，还要举行聚宴，大家开怀畅饮，相互联络久别生疏的感情，称之为"食祖"。冬至节的祭祖，在台湾一直世代相传，以示不忘自己的"根"。

除了以上这些美食之外，还有一种颇具代表性的美食，那就是饺子。关于冬至节吃饺子这一习俗的由来，相传与汉代名医张仲景有关。

今天，饺子早已成为人们最常见、最爱吃的食品之一。但是，张仲景的故事却距离人们的记忆越来越遥远了……

◎ "九九歌"与"消寒图"

冬至，我国民间俗称"交九"，也叫"数九"。冬至后的一个月，就进入了"三九三，冻破砖"的真正寒冬季节。从冬至算起，每九天算一"九"，冬至是"九头九"，以此类推，一直数到"九九"，八十一天结束。"九尽桃花开"，天气就暖和了。

旧时，在没有天气预报的情况下，人们根据长期的实践经验，创造出了许多记述"数九"期间寒暖变化规律的方法。"九九歌"，便是其中之一。

九九歌的出现较"数九"晚，但在唐、宋时已经很流行。九九消寒歌在全国大部分地区都有流传，尤以北方为多。北方冬季严寒，所以九九消寒歌不仅名副其实，而且也有实际存在的意义。由于各地气候寒暖不一，人们创作时的着眼点各有不同，所以各地的九九歌也就有所差别。

河北武强的《九九消寒农历图》年画

山东地区的九九歌比较简洁："一
九二九，伸不出手；三九四九，冻死猫
狗；五九六九，隔河看柳；七九河开，
八九雁来；九九寒尽，春暖花开。"

江浙一带的九九歌则更加生动细化
一些："一九二九，相呼不出手；三九
二十七，篱头吹觱栗；四九三十六，夜
宿如露宿；五九四十五，穷汉街头舞；
不要舞，不要舞，还有春寒四十五；六
九五十四，苍蝇躲层次；七九六十三，
布衲两肩摊；八九七十二，猪狗躺海地；

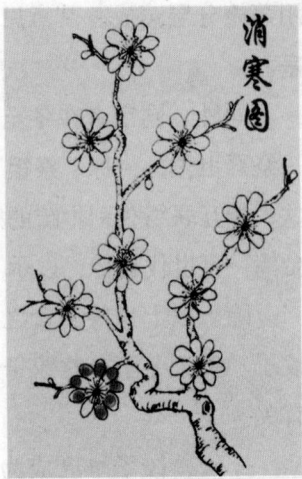
梅花消寒图

九九八十一，穷汉受罪毕；刚要伸懒腰，蚊虫虼蚤出。"类似这样的
九九歌，在我国民间可谓数不胜数，这里不再一一细说了。

过去，我国民间还有在冬至这天开始画《九九消寒图》的习俗。
先画一枝不染色的素瓣梅花，一共画出八十一个花瓣儿，表示自冬
至开始的八十一天。冬至后，每天用颜色染在一个瓣儿上，等到八
十一个瓣儿染完了，春天也就来到了。

有的则画表一幅，九行八十一格，日涂一圈于一格，上阴下晴，
左风右雨，格满则寒消，谓之"九九消寒表"；还有人创作"九体"
对联，每联九个字，每字皆九划，如"故城秋荒屏栏树枯荣"，"庭
院春幽挟巷草重茵"等，把这些字描成
空格，每天在上、下联上各填一笔，全
联填完，春暖花开，谓之"九九迎春
联"。以上种种，统称为"九九消寒图"。

"九九消寒联"是民间消寒
图的形式之一

画消寒图这种风俗，虽然看似简单，
却别有一番韵味。细细想来，"数九"
的习俗，其实是我国劳动人民坚韧、乐
观和淳朴情怀的真实反映吧！

第十一章：粥香腊八，飞雪迎春

◎腊八节的来历

伴随着纷飞的雪花与寒梅的清香，腊八粥的馨香穿越亘古而来。腊八节，被定在每年的农历十二月初八。这是一个有着悠久历史的古老节日，也是一个承前启后的节日。

腊八节的到来，标志着春节的序幕已经悄悄地拉开了。无论走到哪儿，都能闻到渐浓的"年味"。所以，民间才会有"过了腊八年烘烘"的俗谚。

那么，为什么农历十二月被称为"腊月"呢？

古代时，每到岁终的十二月就要举行冬祭。据古代典籍《礼记》《隋书》等记载，"腊者同猎"，是指通过田猎获取禽兽好祭祖祭神。因此，人们就把冬末的十二月称为"腊月"。同时，人们还把举行"腊祭"仪式的这一天，称为"腊日"。

据说，腊祭在神农时代就开始了，大概从夏朝到周朝的帝王都很重视这一祭祀仪式。每到年终，总要杀鸡宰羊以祭祀祖先和百神，希望天地祖宗保佑，来年获得丰收。

清代的腊祭仍比较隆重，这是专门护送祭神肉的官差

修行出山的释迦牟尼，衣衫褴褛，骨瘦如柴

只是刚一开始，腊日并没有固定在哪一天。一直到了汉代，才明确了从冬至过后的第三个戌日为腊日。但在那时候，人们在腊日这天只是祭祀诸神和祖先，民间还没有吃腊八粥的习俗。

到了宋代，腊日被渲染上了一层神秘的色彩。据传，佛教创始人释迦牟尼修行深山，静坐6年，于十二月初八之日悟道成佛。佛门弟子为了纪念这个重要的日子，将此日命名为"佛成道节"。后来，中国的佛教信徒出自虔诚，遂将这个节日与腊日融合，形成了今日的"腊八节"。

吃腊八粥的习俗，也是受佛教的影响而产生的。关于这一习俗的由来，在我国民间还流传着这样一个故事：

相传，佛教创始人释迦牟尼本是印度北部迦毗罗卫国（今尼泊尔境内）净饭王的儿子。他见众生受生老病死等痛苦折磨，又不满当时婆罗门的神权统治，便舍弃王位，出家修道。他在苦行修道期间，无暇顾及个人衣食，每天只吃一些麻麦，常年不得温饱。等到修行期满时，已是衣衫褴褛，骨瘦如柴。当他拖着羸弱的身子走下山来时，因为又饿又累，竟晕倒在路旁。

一位放牧的姑娘经过这里时，发现了他，连忙取来泉水，拿出食物，烧火加热。然后，一口一口地喂给释迦牟尼吃。牧羊女携带的食物是家里吃剩的各类黏米、糯米的混合杂烩饭，在煮时又加入了她采来的各种野果。释迦牟尼美餐一顿之后，很快恢复了元气。于是，他就在菩提树下打坐，并于腊月初八这天得道成佛。

以后，每年腊月初七这天，寺院的僧侣们便开始动手淘洗米果，洗刷器皿，在翌日黎明之前熬成粥，用来供奉佛祖。

清代时，在腊月祭礼完毕之后，都要举行盛大的冬季军演活动

在腊月初八这天，僧众们都要举行集会，诵经讲法，吃腊八粥。随着佛教在中国的广泛传播，佛教徒也越来越多。于是，吃腊八粥的习俗逐渐在中国民间流传开来。

◎粥香飘溢，腊八美食

旧时，在我国民间曾广泛地流传着这样一句谚语："腊八粥，吃不穷，吃了腊八便丰收。"吃腊八粥，是腊八节的一个标志性习俗。每到腊月初八的凌晨，家家户户都要吃香喷喷的腊八粥。

吃腊八粥的习俗，早在宋代的时候就已经非常盛行。当时，每到腊八节这一天，无论宫廷、官府，还是寺院、百姓家，都争相煮腊八粥。宋代文人孟元老在《东京梦华录》一书中写道："是日，诸大寺作浴佛会，并送七宝五味粥与门徒，谓之腊八粥。都人是日，各家亦以果子杂粮煮粥而食也。"

腊八粥名义上要凑齐8样原料，但也不拘泥于此，少者四五样，多者十几样均可。民间的腊八粥有粗细之分，如富人家用豇豆、金针、木耳、莲子、百果、花生、红枣等煮成的腊八粥，称为"细腊八粥"；寻常百姓人家，在米中掺入黄豆、蚕豆、花生、青菜等食材，则称为

甜美馨香的腊八粥

231

在腊八这天，农民会用腊八粥来祭祀五谷神

"粗腊八粥"。但无论粗与细，其吉祥寓意是相同的。

明清时期，民间吃腊八粥的风俗更加盛行。明人刘若愚所著的《明宫史》中记载，在腊八节的前几天，人们就开始准备煮腊八粥的作料。人们先将一些大红枣捶碎泡汤。到了腊八这天清晨，人们在汤里加上米、白果、核桃仁、栗子、菱米煮粥。

待腊八粥煮好之后，人们不仅要供奉佛圣，而且还要祭户牖、园树、井灶等。然后，亲邻之间相互馈送，并彼此夸赞一番。剩下的，才全家人食用。

古人认为，吃腊八粥可以延年益寿。既然人们都爱吃，那么家禽、牲畜、庄稼、果树等也爱吃。因此，在腊八这天早晨，人们也会给家里的鸡、鸭、牛儿、狗儿喂一点腊八粥。

有的农人还将腊八粥涂在果树之上，以期果树繁茂，民间曾有这样一句俚语："大树小树吃腊八，来年结个大疙瘩。"还有的农人，要将腊八粥甩洒在门、篱笆、草垛等上面，以祭祀五谷之神。

时至今日，这些习俗仍在我国西北部地区流传。这些习俗其实是表达了劳动人民对丰收和幸福生活的深切渴望。

既然平民百姓对吃腊八粥都如此重视，皇家贵族就更不用说了。据《帝京岁时纪胜》《燕京岁时记》等史料记载，每年到了腊八节，在宫廷之内，皇帝、皇后、皇子等都要向文武大臣、侍从宫女赐腊八粥，并向各个寺院发放米、果等供寺院食用。

清朝雍正三年（1725年），清世宗将位于北京安定门内国子监以东的府邸改为雍和宫。每逢腊八之日，在雍和宫内的万福阁等处，用锅煮腊八粥分给各王宫大臣品尝食用，并请喇嘛僧人前来诵经。

当时，为了配合好皇帝在腊八节赐粥的仪式，雍和宫往往在腊月初一就开始搭棚垒灶，支起6口丈二大锅。等到腊月初七鸡鸣之时

清代雍和官用来熬粥的大锅

开始生火，并将多达数十种的豆米干果倒入6口大锅内。然后要不断火地煮上24个小时，到腊八的拂晓出锅。第一锅粥要献佛，第二锅粥才能进献皇帝。接着，第三锅粥赏赐大臣；第四锅粥敬奉施主；第五锅粥赈济贫民；第六锅粥才是寺内僧众自食。

今天，我国南北大部分地区仍保留着吃腊八粥的习俗。由于我国地域广，各地食物不一样，各地的腊八粥也大有区别，呈现出浓郁的地方特色。

在全国的腊八粥当中，数北京的腊八粥最讲究。北京的腊八粥，掺在白米中的物品特别多，如黄米、糯米、核桃仁、杏仁、桂圆、栗子、红枣、葡萄、白果、青丝、红豆、绿豆、花生等等。待熬好之后，先供佛祖，接着再供祖宗、灶王及其他杂神。在亲友彼此互送的时候，还要用腌白菜作为陪衬。虽然送的是腊八粥，但在老北京人的眼里，很讲究腌白菜品相的好坏。据说，白菜腌得好，就会一年丰顺。

山东民间的腊八粥，多用8种粮食和果品制作，其中必定有枣和栗子。因为"枣"谐音"早"，"栗"谐音"力"，寓意早下力气，争取明年五谷丰登。另外，在熬制腊八粥的时候，要尽量熬得黏糊一些，因为"黏"与"连"谐音，意味着连年丰收。

河南人吃腊八粥，是用小米、麦粒、绿豆、花生、玉米、豇豆等8种原料混合煮成，熟后粥稠味香，寓意来年五谷丰登。

甘肃传统的腊八粥，是用五谷、蔬菜煮成的。煮熟之后，先用来敬门神、灶神、财神、土地

亲民的土地爷爷和土地奶奶，也是腊八节被祭祀的神灵

233

民间用来煮腊八粥的米、豆和干果

神，祈求来年风调雨顺，五谷丰登。随后，亲邻之间相互馈送，剩下的才一家人享用。

宁夏人做腊八粥，一般是将黄豆、扁豆、黑豆、蚕豆、红豆、大米、土豆放在一起煮粥。然后，在粥里加上用麦子面或荞麦面切成菱形或柳叶形的"麦穗子"，出锅之前再加入葱花和油。这一天全家人只吃腊八粥，不吃菜。当地人俗信，腊八这天吃了菜，明年庄稼地里的杂草多。

四川地区，人多地广，腊八粥的做法更是五花八门，甜咸麻辣皆有。而农村人吃咸味腊八粥的多，主要是用黄豆、花生、肉丁、白萝卜、胡萝卜等煮成。

浙江人煮腊八粥，一般都选用核桃仁、莲子、松仁、芡实、红枣、桂圆、荔枝等，香甜味美，食之祈求长命百岁。

陕北高原在腊八之日，煮腊八粥除了选用多种米、豆之外，还要加上各种干果、豆腐、肉丁混合煮成。味道或咸或甜。在吃腊八粥之前，还要将粥抹在门上、灶台上以及院子里的树上，以驱邪辟灾，迎接来年的农业大丰收。

腊月初八，天寒地冻。人们围坐在家里，吃着香甜可口的腊八粥，暖和而温馨，也给生活平添了一种过年前的祥和气氛。或许，这就是吃腊八粥的习俗得以流传下来的另一个主要原因吧！

古代的隆冬时节，尤其是北方地区，滴水成冰，万物凋零。在这样的气候下，很难有像今天这样丰富的菜蔬和果品食用。

冬季的菜蔬，多以耐储存的萝卜、白菜或腌菜为主。尽管如此，民间的腊八节除了腊八粥之外，仍有一些值得一提的食趣。

在我国民间有些地方过腊八节煮的粥，不称"腊八粥"，而是叫做煮"五豆"。有的人家在腊八当天煮，也有的人家在腊月初五就煮了。人们在煮粥的时候，还要用面捏些"雀儿头"，与米、豆（5种豆子）同煮。

旧时，每当临近年关，大大小小的商号都要进行结算，查看一年的盈亏

据说，在腊八节这一天，人们吃了"雀儿头"，麻雀就会头痛，来年不危害庄稼。人们煮好"五豆"之后，除了馈送亲邻，还要保存下来一些。人们每天吃饭时，将"五豆"与热饭搭配食用，一直吃到腊月二十三，这象征着连年有余。

过去，在北方不少地区，在腊八节这天有泡制"腊八蒜"的习俗。泡"腊八蒜"得用紫皮蒜和米醋，将蒜瓣除去老皮，浸在米醋里，装入小坛里密封起来。到除夕时启封，那蒜瓣湛青翠绿，蒜辣醋香融在一起，扑鼻而来，十分可口。

据说这腊八蒜还有些来头，因为"蒜"和"算"同音。临近年关了，各家商号大都要在过小年之前把收支算出来，从而查看一年的盈亏。这时候，不管是欠别人的，还是别人欠的，都该清算一下了。

可是，中国人自古爱面子。快要过年了，总不能跑到人家门口，大声吆喝着让人家还钱吧。尤其是当中还有不少在生意场上需要长期合作的朋友。这样做，很容易得罪朋友，断了以后的生意财路。

于是，有些脑瓜机灵的生意人，就想出来一个好办法：泡上一些"腊八蒜"在春节前送给欠账的人。欠债的人收到"腊八蒜"之后，自然是心知肚明。用"腊八蒜"作为催债的提示，确实是一个不错的办法。当然，前提是对方也是一个讲究诚信的人。

西北有些地区，在腊八节这天不吃腊八粥，而是吃"腊八面"。人们在做"腊八面"之前，先要做好"腊八菜"。

所谓"腊八菜"，就是将萝卜

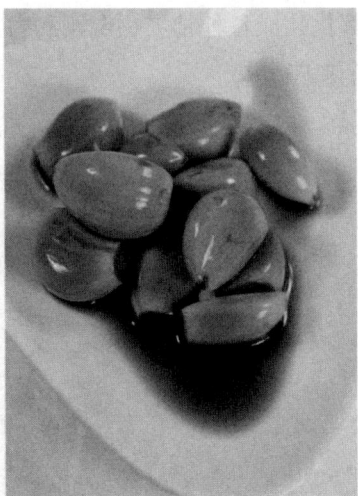
湛青翠绿的腊八蒜

235

与白菜帮子切成又薄又匀的长条、菱形或方片，连同豆腐、粉条、肉丁等烩在一起。

用来制作"腊八面"的面，要软硬适中。然后把它们切成细长条儿，下到锅里用文火煮。待到熟后，再将"腊八菜"烩进锅里。就这样，一锅色、香、味俱全的"腊八面"，冒着诱人的香气就可以上桌了。

人们在吃腊八面之前，还要给家里的猪、鸡、牛、羊、狗等夹几筷子，让它们也吃一点。当地民俗认为，小母鸡只有吃了腊八面才会开始下蛋。另外，还要给院子里的果树夹上一筷子腊八面。据说"吃"了腊八面的果树，来年结的果子才会又多又大。

在现在看来，不管是腊八粥还是腊八面、腊八蒜，都算不上什么真正的美食。然而，它们经历了千百年民俗文化的浸润，拥有了一种岁月凝重的美，此将它们视为美食，亦不为过吧！

◎腊鼓声声催春到

在今天，人们过腊八节的时候，除了吃腊八粥之外，好像没有其他活动了。但在过去，却并非如此简单。在这一天，还有敲腊鼓驱疫，以及"崇冰"和"窑冰"的习俗。

在古代，我国民间在腊八这天有敲鼓驱疫的习俗。各地的百姓都化装成各种神灵、金刚和力士，敲着细腰鼓，做出各种驱赶恶鬼的舞蹈姿势。

在南朝梁人宗懔撰写的《荆楚岁时记》里面，就有相关的记载："十二月八日为腊日，谚语：'腊鼓鸣，春草生。'村人并击细腰鼓，戴胡头，及作金刚、力士，以逐疫。"

关于敲腊鼓习俗的起源，在我国民间有这样一个故事：相传，颛顼是远古时的天帝。他有三个不争气的儿子，死后都变成了害人鬼。一个叫"疟疾鬼"，他住在长江边上，专门害人得虐

太平腊鼓，是一种古老的驱邪仪式

疾病；一个叫"魍魉鬼"，住在四川的若水边上，样子长得像个小鬼，专门模仿人的说话声来迷惑人；还有一个叫"小儿鬼"，尽躲在人家的门背后，恐吓小孩子。这个三个恶鬼，每到腊月初八时就要出来做坏事。

黄帝知道了这三个恶鬼在人间作恶的事情之后，就告诉老百姓们一个办法：每当腊月初八的时候，就敲起腰鼓，吓唬恶鬼。果然，凡是敲起腊鼓的地方，恶鬼都不敢去了。

后来，随着社会的发展，敲腊鼓这一习俗的原意，也逐渐由驱逐邪祟向催促农事转化了。

古谚云："腊鼓动，农人奋。"腊冬期，农事最要紧的是施腊肥。腊肥可以提高土温，保暖防寒，是争取来年丰收的重要保证。因此，腊鼓一响，农民就忙着往地里送肥了。

声声腊鼓，是吹响农事的号角

现在，在我国的少数农村偏僻地区，仍保留着腊八节敲腊鼓的习俗。但此时敲响的腊鼓，更像是为即将到来的春节社火表演而进行的一场预演。

热气腾腾的腊八粥，是腊八节的生命。而室外的冰雪，却是它的广阔"舞台"。因此在过去，我国北方不少农村地区都有"崇冰"的习俗。

所谓崇冰，就是人们俗信腊八节的冰有一种神效，不仅能够医治百病，而且还能够庇护庄稼丰收。

过去，在腊八节的早晨，我国北方民间有吃冰的习俗。在腊八的前一夜，家家户户都要为孩子们制作"冻冰冰"。大人们用红萝卜、白萝卜雕刻成各种花朵，用芫荽作绿叶，然后放在一碗清水里面，并加入冰糖，摆在室外的窗台上。

在腊八节的早晨，如果碗里的冰面冻起了疙瘩，便预兆着来年小麦丰收。然后将冰块从碗里倒出来，晶莹透亮，五颜六色，煞是好看。孩子们每人手中一块，一边玩一边吮吸。

大人们也会随手掰两块放入嘴里，"咯嘣、咯嘣"地嚼碎吃掉。

有的农人一起床，便去附近的河沟、深池去打冰，然后将打回来的冰块倒入自己的庄稼地里或粪堆上，祈求来年风调雨顺，庄稼丰收。

这幅清末老照片，表现的就是时人在腊八节后采冰窖冰的情景

崇冰的习俗，其实是反映了广大劳动人民期盼农业丰收的一种强烈愿望。如果说崇冰是一种完全属于民间的习俗，那么"窖冰"便是一种官府性质的习俗了。

所谓窖冰，就是将冬天河流湖泊结冻的冰凿成小块，储存到冰窖里，以备来年天热时使用。早在周代的时候，窖冰就是中国人冬天里的一件大事。当时，有专门负责斩冰纳窖的官吏，称作"凌人"。

由于冰块在夏天的用途很广，周以后的历朝无不在冬季里窖冰。明代文人刘侗、于奕正撰写的《帝京景物略》里面，曾详细地记述北京城内皇家窖冰的事情：窖冰的工作，由"中涓"（皇帝较为亲近的侍臣）来监督主持。每年腊八之前，中涓先派人把湖面或河面上的冰凿锯成一尺见方的冰块。到了腊八这天，再把冰藏于安定门和崇文门外山阴处的地窖里。地窖深两丈，冰块与冰块之间要用稻草隔开，以免冻结在一起。冰藏好后，便封住窖口，上面再用泥巴和稻草交错覆盖成一座小山丘，以防藏冰散热融化。土丘上面还要搭一个苇棚，可以遮蔽日晒。

清代佚名画家所绘的腊月《冰嬉图》

当炎热的夏天渐渐逼近时，执掌冰政的官员就会下令开始挖出窖藏的冰块。这些冰块除了供皇室取凉外，朝廷也会赐冰给大臣。尤其是自两宋以后，皇帝赐冰给大臣，成了历朝各代在三伏天里的一项惯例。而得到赏赐的人，无不视为殊荣。

这种冬采夏用的冰窖存冰方式，一直到清朝末年还在使用。清人富察敦崇在《燕京岁时记》里也说："京师自暑伏日起，至立秋日止，各衙门例有赐冰。届时由工部颁给冰票，自行领取，多寡不同，各有等差。"

现代，我们当然不会为如何抵挡盛夏的炎热而犯愁。因为风扇、空调等乘凉设施早已遍及我们的生活，而冰箱、冷柜等冷藏设施，也会随时为我们提供一杯凉爽的冷饮，拂去心头的烦躁。

或许，我们此时会感觉比古代的帝王们还要幸福。若从某一方面来说，这也是一个不可否认的事实。这一切，都是时代发展的结果。因此，有许多古老的节俗，而今距离我们已经越来越遥远，甚至已经永远地消失了。

当我们匆匆地行走在这个繁华而喧嚣的红尘时，是否曾偶尔提醒一下自己，让脚下的步伐慢一点儿，而后细心去聆听那些记忆的诉说呢？

尽管有些节俗看上去那么

伴随着纷飞的雪花，年节的气息也越来越浓了……

土俗，甚至有些幼稚。但是，它们却以一种淳朴向善的姿态，走过了千百年的风风雨雨。如果任凭其散失，也许再用不了多久，每个节日留给我们的都将变成一个空洞而冰冷的字眼。或许，那时候我们每个人的内心都将会涌动出一种浮华所掩盖不了的空虚。

一声声腊鼓，从遥远的岁月中传来。又一个寒冬即将谢幕，而春天的序曲已经悄悄地奏响……

附录
中国传统节日备览（农历）

正月初一　　春节

壮族敬蛙节

赫哲族赫哲年

布依族跳马会

白族酬山节

佤族"崩南尼"（春节）

傣族嫩西节

拉祜族过大年

蒙古族"希恩吉乐"（新年）

正月初五　　破五节

正月初七　　人胜节

正月初八　　藏族曼拉节

畲族上十节

正月十四　　畲族盘瓠节

正月十五　　元宵节

仫佬族走坡节

满族灯官会

朝鲜族祭五谷节

白族青姑娘节

苗族偷菜节

正月十六 　苗族芦笙会

　　　　　锡伯族摸黑节

正月二十五 　填仓节

二月初一 　中和节

　　　　　瑶族赶鸟节

二月初二 　春龙节

　　　　　哈尼族祭龙节

　　　　　壮族花王节

　　　　　侗族艾粑节

初三 　　　人祖庙会

　　　　　苗族祭龙节

二月初八 　佛祖出家纪念日

　　　　　傈僳族刀杆节

　　　　　彝族插花节

　　　　　纳西族北岳庙会

二月初十 　傣族彩蛋节

二月十 　　送蚕花

二月十四 　白族花朝节

二月十五 　佛祖涅槃升天日

　　　　　侗族摔跤节

　　　　　瑶族扎巴节

二月十九 　观音诞辰日

三月初一 　双蝶节

三月初三 　上巳节

　　　　　拜山节

　　　　　壮族歌节

　　　　　瑶族干巴节

　　　　　黎族爱情节

　　　　　侗族讨篮节

布依族仙歌节

三月初七　　藏族宝瓶节

三月初八　　藏族换衣节

三月初九　　苗族杀鱼节

三月十五　　佤族播种节

　　　　　　怒族鲜花节

　　　　　　苗族姊妹节

三月二十三　天后诞辰

四月初一　　羌族祭山会

四月初二　　蒙古族鲁班节

四月初六　　苗族樱桃会

四月初八　　浴佛节

　　　　　　牛王诞辰

　　　　　　藏族转山会节

　　　　　　侗族姑娘节

　　　　　　苗族、布依族"赶糯米坡"

四月十四　　吕祖诞辰

四月十五　　白族蝴蝶会

　　　　　　布朗族桑刊节

　　　　　　塔吉克族巴罗提节

四月十八　　碧霞元君诞辰

　　　　　　锡伯族西迁节

四月二十八　药王诞辰

　　　　　　白族春水节

五月初五　　端午节

　　　　　　藏族采花节

　　　　　　傣族粽包节

　　　　　　普米族转山节

　　　　　　土家族女儿会

　　　　　　彝族都阳节

五月十二	壮族歌婆节
五月二十四	苗族龙船节
五月二十六	瑶族达努节
五月三十	瑶族分龙节
六月初一	过半年
	苗族封斋节
六月初二	仡佬族吃虫节
六月初三	白族礼至节
六月初六	天贶节
	布依族歌节
	水族洗澡节
	苗族祭田节、赛马节
	瑶族穷节
	侗族洗牛节
	回族、土族花儿会
六月十三	火神诞辰
六月十五	朝鲜族洗头节
	白族绕海会
六月十六	鲁班先师诞辰
六月十九	观音成道日
六月二十三	雷神会
	马王爷节
六月二十四	二郎神诞辰
	观莲节
	彝、白、纳西等族火把节
七月初一	土家族族年
	白族河灯节
七月初二	瑶族塔勒贵节
七月初七	七夕节
	壮族女儿节

	苗族跳香会
十月初十	壮族双喜节
十月十五	下元节
	畲族五谷节
十一月初一	土家族洗神节
	侗族冬节
十一月十三日	鄂温克族米特尔节
十一月十五日	哈尼族老人节
十一月二十九	彝族太阳会
十一月三十	侗族侗年
腊月初一	苗族吃鼠节
腊月初五	吃五豆节
腊月初八	腊八节
	普米族过年
腊月十五	畲族祭祖节
腊月十七	祭窑神节
腊月二十三	祭灶节、小年
	鄂温克族火神节
	蒙古族拜火节
腊月二十四	交年节
	京族海神节
腊月二十七	锡伯族祭星节
腊月二十九	土家族赶年
	侗族姑婆节
	怒族祭谷神节
腊月三十	除夕
	仡佬族供粑节
	彝族老年节